<u>dtv</u>

Als ihre ersten Gedichte erschienen, waren sie ein Skandal. Nicht nur wegen ihrer politischen, sondern vor allem wegen ihrer erotischen Inhalte. Kaum je zuvor hatte eine Frau aus Lateinamerika so offen von ihren Wünschen, Phantasien und Schwächen gesprochen, kaum je zuvor waren intellektuelle Erkenntnis, sexuelle Ekstase und revolutionärer Kampf so zur Einheit verschmolzen wie in den Zeilen dieser Gedichte. Sie spürte ihre Macht als Frau, sagt Gioconda Belli selbstbewußt. »Ich fühlte instinktiv, daß ich die Schlange vom Baum des Lebens geholt hatte.« Als revolutionäres weibliches Ethos erscheint dabei die Sehnsucht nach dem brüderlichen Menschsein, nach der solidarischen, sinnlichen Existenz. »Laßt uns eine Zukunft malen, in der Mann und Frau miteinander sprechen und einander begleiten über die Haustür hinaus. Laßt uns die Liebe malen mit Riesenbuchstaben ... in der Farbe des Morgens.« Die vorliegende Auswahl aus allen bisher in deutscher Sprache veröffentlichten Gedichtbänden Gioconda Bellis enthält 49 Gedichte, davon 17 auch in spanischer Sprache.

Gioconda Belli wurde in Managua geboren. Sie studierte in Spanien und den USA. Ab 1970 beteiligte sie sich am Widerstand der Sandinistischen Befreiungsfront FSLN gegen die Somoza-Diktatur ihres Landes. Sie lebt heute in Managua und Los Angeles/USA. Ihre ersten Gedichte erschienen 1970 in der Zeitschrift ›La prensa literaria‹; für den Gedichtband ›Lineas del fuego‹ erhielt sie 1978 den Preis »Casa de las Americas«. Weitere Werke: ›Bewohnte Frau‹ (1988), ›Tochter des Vulkans‹ (1990), ›Zauber gegen die Kälte‹ (1992), ›Waslala‹ (1996).

Gioconda Belli

In der Farbe des Morgens

Gedichte

**Deutsch von Dieter Masuhr, Dagmar Ploetz
und Anneliese Schwarzer de Ruiz**

Deutscher Taschenbuch Verlag

Von Gioconda Belli
sind im Deutschen Taschenbuch Verlag erschienen:
Bewohnte Frau (11345)
Tochter des Vulkans (11678)

August 1992
5. Auflage September 1997
Deutscher Taschenbuch Verlag GmbH & Co. KG,
München
© Gioconda Belli/Peter Hammer Verlag GmbH, Wuppertal/
Editorial Nueva Nicaragua, Managua
Die Gedichte dieses Bandes sind eine Auswahl aus ›Wenn du mich lieben
willst‹, Wuppertal 1985 (3. Aufl. 1988), deutsch von Dieter Masuhr, und
›Aus einer Rippe Evas‹, Wuppertal 1989, deutsch von Dagmar Ploetz und
Anneliese Schwarzer de Ruiz. Die spanischen Texte sind aus ›De la costilla
de Eva‹, Managua 1986.
Alle Rechte: Peter Hammer Verlag GmbH, Wuppertal
Umschlagkonzept: Balk & Brumshagen
Umschlagbild: ›Drei Tahitier (Gespräch auf Tahiti)‹ (1899)
von Paul Gauguin
Gesamtherstellung: C. H. Beck'sche Buchdruckerei,
Nördlingen
Gedruckt auf säurefreiem, chlorfrei gebleichtem Papier
Printed in Germany · ISBN 3-423-11565-3

Inhalt

Die Gedichte ›Wieder gehst du‹, ›Spielregeln für Männer, die mich lieben wollen‹, ›Dem Comandante Marcos‹, ›Kriegsgesang‹, ›Austreibung‹, ›Wenigstens Blumen, wenigstens Lieder‹, ›Was bist du, Nicaragua?‹, ›Streik‹, ›Klar sind wir kein Beerdigungsinstitut‹, ›Oh, Nicaragua‹, ›Verwandlung‹, ›Und Gott machte eine Frau aus mir‹, ›Die Brust geben‹, ›Niemand sucht aus‹, ›Seit Monaten schon, mein Kind‹, ›Früher einmal war ich ein fröhliches Mädchen‹, ›Ich beobachte das gebogene Palmblatt‹, ›Die Orchidee aus Stahl‹, ›Was ich sah in einem Fenster in Houston, Texas‹, ›Die Menschen liebe und besinge ich‹, ›Die Begegnung‹, ›Wie ein Krug‹, ›Traumgewebe‹, ›Meine Liebe‹, ›Angriff auf meine linke Schulter‹, ›Monimbó‹, ›Bekleidet mit Sprengstoff‹ sind dem Band ›Wenn du mich lieben willst‹ entnommen und wurden von Dieter Masuhr ins Deutsche übertragen. Alle anderen Gedichte entstammen dem Band ›Aus einer Rippe Evas‹ und wurden mit Ausnahme von ›Lebte ich nicht‹, ›Die Träger der Träume‹ und ›Alle zusammen‹ (deutsch von Dagmar Ploetz) von Anneliese Schwarzer de Ruiz ins Deutsche übersetzt.

Wieder gehst du,

weil die Erde eindringlich ruft,
wie eine schutzlose Frau.
Wieder gehst du, Geliebter,
denn dort
entscheidet sich das Leben von so vielen.
Dort erwarten dich die Hoffnung
und der unerbittliche Kampf,
dort sind die Sorgen
und die atemlose, fordernde Zeit,
die sich in den Fluß der Geschichte stürzt.
Geh, mein Geliebter,
mit diesen Armen, die mich umfangen,
mit dem Mund, der mich küßt,
versprühe Feuer, Geliebter,
bring Kraft unserer Erde,
der wir entstammen
und die wir lieben.
Geh, mein Geliebter,
ich komme mit, wenn auch von ferne,
und bin dort bei dir
im Wind und im Regen,
in der Mittagshitze,
im Kandiszucker,
in Zikaden und Grillen,
in der Gefahr:
wohin du auch gehst,
ich gehe mit dir,
und zwischen der Erde,
und deinem Schatten
wird eine Frau sein,
die dich berührt.

Reglas del juego para los hombres que quieran amar a mujeres mujeres

1. *El hombre que me ame*
   deberá saber descorrer las cortinas de la piel,
   encontrar la profundidad de mis ojos
   y conocer lo que anida en mí,
   la golondrina transparente de la ternura.

2. *El hombre que me ame*
   no querrá poseerme como una mercancía,
   ni exhibirme como un trofeo de caza,
   sabrá estar a mi lado
   con el mismo amor
   conque yo estaré al lado suyo.

3. *El amor del hombre que me ame*
   será fuerte como los árboles de ceibo,
   protector y seguro como ellos,
   limpio como una mañana de diciembre.

4. *El hombre que me ame*
   no dudará de mi sonrisa
   ni temerá la abundancia de mi pelo,
   respetará la tristeza, el silencio
   y con caricias tocará mi vientre como guitarra
   para que brote música y alegría
   desde el fondo de mi cuerpo.

5. *El hombre que me ame*
   podrá encontrar en mí
   la hamaca donde descansar
   el pesado fardo de sus preocupaciones,
   la amiga con quien compartir sus íntimos secretos,
   el lago donde flotar
   sin miedo de que el ancla del compromiso
   le impida volar cuando se le ocurra ser pájaro.

Spielregeln für Männer, die mich lieben wollen

1. Mich zu lieben, muß ein Mann
   von meiner Haut den Vorhang wegziehen,
   bis auf den Grund meiner Augen sehen
   und erkennen, daß in mir nistet
   die durchsichtige Schwalbe Zärtlichkeit.

2. Mich zu lieben, darf ein Mann
   mich nicht wie eine Ware besitzen wollen,
   mich nicht vorführen wie eine Jagdtrophäe;
   er wird an meiner Seite stehen
   mit der gleichen Liebe,
   wie ich an der seinen.

3. Mich zu lieben, muß die Liebe
   eines Mannes stark sein wie Ceibobäume,
   so schützend und sicher
   und klar wie ein Dezembermorgen.

4. Mich zu lieben, darf ein Mann
   meinem Lächeln nicht mißtrauen,
   mein volles Haar nicht fürchten,
   er soll Trauer und Schweigen achten
   und auf meinem Leib mit Liebkosungen spielen,
   wie auf einer Gitarre, Melodien
   und Freude aus der Tiefe meines Körpers locken.

5. Mich zu lieben, muß ein Mann
   in mir das Bett für die Last seiner Sorgen sehen,
   eine Freundin, mit der er seine Geheimnisse teilen kann,
   einen See, in dem er treibt
   ohne Angst, daß ein Anker von Verpflichtungen
   ihn am Fliegen hindert, wenn er Lust hat, ein Vogel zu sein.

6. *El hombre que me ame*
   hará poesía con su vida,
   construyendo cada día
   con la mirada puesta en el futuro.

7. *Por sobre todas las cosas,*
   el hombre que me ame
   deberá amar al pueblo
   no como una abstracta palabra
   sacada de la manga,
   sino como algo real, concreto,
   ante quien rendir homenaje con acciones
   y dar la vida si es necesario.

8. *El hombre que me ame*
   reconocerá mi rostro en la trinchera
   rodilla en tierra me amará
   mientras los dos disparamos juntos
   contra el enemigo.

9. *El amor de mi hombre*
   no conocerá el miedo a la entrega,
   ni temerá descubrirse ante la magia del enamoramiento
   en una plaza llena de multitudes.
   Podrá gritar –te quiero–
   o hacer rótulos en lo alto de los edificios
   proclamando su derecho a sentir
   el más hermoso y humano de los sentimientos.

10. *El amor de mi hombre*
    no le huirá a las cocinas,
    ni a los pañales del hijo,
    será como un viento fresco
    llevándose entre nubes de sueño y de pasado,
    las debilidades que, por siglos, nos mantuvieron separados
    como seres de distinta estatura.

6. Mich zu lieben, muß ein Mann
   Poesie aus seinem Leben machen,
   jeden Tag neu gestalten
   mit dem Blick in die Zukunft.

7. Mich zu lieben aber muß ein Mann
   vor allem mein Volk lieben,
   nicht als abstrakten Begriff
   aus dem Ärmel gezogen,
   sondern als etwas Wirkliches, Greifbares,
   dem er mit seinen Handlungen Ehre macht
   und sein Leben gibt, wenn es notwendig ist.

8. Mich zu lieben, muß ein Mann
   mein Gesicht im Schützengraben erkennen,
   mich lieben mit dem Gewehr im Anschlag,
   wenn wir beide gemeinsam
   auf den Feind zielen.

9. Die Liebe meines Mannes
   scheut nicht, sich hinzugeben,
   noch fürchtet sie, auf einem belebten Platz
   sich im Zauber des Verliebtseins zu entdecken.
   Er kann laut rufen: Ich liebe dich,
   oder Anschläge an die Häuser kleben,
   die sein Recht auf das herrlichste
   und menschlichste aller Gefühle proklamieren.

10. Die Liebe meines Mannes
    flieht nicht vor Küchendunst
    und nicht vor Kinderwindeln,
    wie ein frischer Wind ist sie,
    der in Wolken aus Traum und Zeit
    die Hemmnisse davonträgt, die uns über Jahrhunderte
       trennten
    wie verschiedenartige Wesen.

11. *El amor de mi hombre*
    no querrá rotularme y etiquetarme,
    me dará aire, espacio,
    alimento para crecer y ser mejor,
    como una Revolución
    que hace de cada día
    el comienzo de una nueva victoria.

11. Die Liebe meines Mannes
    will mich nicht festlegen, nicht einordnen,
    sie gibt mir Luft, Nahrung, Raum,
    zu wachsen und reicher zu werden,
    so wie jeder neue Tag
    eine Revolution
    entfaltet.

Dem Comandante Marcos

Das Krachen des Maschinengewehrs schlug uns die Tür ins
    Gesicht,
deines Lebens Tür plötzlich zugefallen,
Holz bewahrt, wiegt dich im Leib der Erde.

Ich kann deinen Tod nicht glauben,
so ohne Abschied,
nur die entfernte Vorahnung jener Nacht, erinnerst du
    dich?
als ich vor Zorn weinte, weil ich dich schlafen sah,
denn ich kannte dich längst als Zugvogel
auf rascher Flucht vor dem Leben.

Danach,
als du gegangen warst,
als du dir packtest die Gefahr
und ich dich sah von wütenden Hunden umstellt,
begann ich zu glauben, du seist unverwundbar.
Wie hätte ich glauben können an ein Vergehen
deines Gesichts, deiner Hände und deiner Worte,
wie glauben an ein Ende von dir, du Anfang von allem,
Funke, du erster Schuß, Überblick im Kampf,
Planung, Ruhe?

Aber da in der Zeitung stand die Nachricht,
und dein Bild blickte mich an und sah mich nicht,
das Gefühl deiner Abwesenheit war endgültig,
ohne Ausweg durchlief es mich,
ließ hinter sich die Tränengrenze,
ergoß sich in meine Adern,
brach sich in allen Gliedern.

Die Zeit wird vergehn,
größer werden dein unausmeßbarer Name, die Stunden
beladen mit deiner Haut, mit deinem stetigen Herzschlag,
mit allem, was es jetzt gar nicht gibt in meinem Kopf

und dich bringt und hinweg trägt wie Fließen und
    Widerfließen von Gezeiten aus Blut,
rot vor Schmerz und Zorn wohin ich auch sehe,
und ich schreibe und kann nicht beschreiben die endlose
    Klage
kreisend und rund wie dein gedachtes Bild,
worin ich dein Ende nicht ausmachen kann,
nur erfühlen,
in der Kraft der Umarmung,
des Regens, flüchtender Pferde,
deinen Anfang.

Canto de guerra

Vendrá la guerra, amor
y en el combate no habrá tregua
ni freno para el canto
sino poesía naciendo del hueco oscuro
del cañón de los fusiles.

Vendrá la guerra, amor
y nos confundiremos en las trincheras
cavando el futuro en las faldas de la Patria
deteniendo a punta de corazón y fuego
las hordas de bárbaros
pretendiendo llevarse lo que somos y amamos.

Vendrá la guerra, amor
y yo me envolveré en tu sombra invencible,
como fiera leona
protegeré la tierra de mis hijos
y nadie detendrá esta victoria
armada de futuro hasta los dientes.

Aunque ya no nos veamos
y hasta puedan morirse los recuerdos,
te lo juro por vos,
te lo juro apretando a Nicaragua
como niña de pecho:

¡No pasarán, amor
los venceremos!

Kriegsgesang

Krieg kommt, Geliebter,
doch das Lied hört nicht auf im Kampf,
Poesie wird geboren
aus der dunklen Höhlung der Gewehre.

Krieg kommt, Geliebter,
und wir verlieren uns in Schützengräben,
schneiden Zukunft in die Berghänge unseres Landes,
mit Feuer und Mut
verwehren wir den Barbarenhorden,
sich zu holen, was wir sind und lieben.

Krieg kommt, Geliebter,
und ich hülle mich in deinen unbesiegbaren Schatten,
verteidige wie eine Löwin
das Land meiner Kinder,
denn niemand soll unseren Sieg aufhalten,
wir sind mit Zukunft bis an die Zähne bewaffnet.

Auch wenn wir uns nicht mehr wiedersehen,
wenn auch Erinnerung sterben kann,
bei deinem Leben schwöre ich dir,
schwöre, Nicaragua
wie ein Kind an die Brust gedrückt:

Sie kommen nicht durch, Geliebter,
wir besiegen sie!

Austreibung

Ich weiß, ich schreibe,
mir die Geister auszutreiben,
das Gesindel von Ängsten,
das mich verfolgt.

Noch weiß ich nicht genau,
wer diese neue Frau ist, die ich bin,
so wie eine Stadt nach der Katastrophe unbekannt ist,
wenn die Bezugspunkte
bestimmter Bauwerke nicht mehr vorhanden sind.

Ich weiß nur, mich überzieht
ein geologisches Netz von Rissen,
aus denen zeitlose Vergangenheiten aufsteigen;
ihr Beben kann ich nicht messen,
so sehr ich mich anstrenge.

Dunkel errate ich, taste, ahne
das Ende einer schmerzhaften,
aber immer noch süßen,
Blindheit.

Wenigstens Blumen, wenigstens Lieder

Von uns bleibt mehr
als Worte oder Gesten:
der glühende Wunsch nach Freiheit,
ansteckende Sucht.

De los recuerdos

Estaban allí,
desparramadas
las flores del árbol grande
que no sé cómo se llama,
pero que florece rosado
en las tardes,
esas tardes hermosas en que tu recuerdo
es una sola corriente que vibra en mi sangre,
como esas flores
vuelan sobre techos y gente,
se posan en el agua de las cunetas,
en el tiempo
o en aquella fuente, mi amor
o en aquella fuente . . .

Erinnerung

Verstreut lagen
die Blüten des großen Baumes,
dessen Namen ich nicht kenne,
des Baumes, der rot aufblüht
am Abend,
an den Abenden, da die Erinnerung an dich
mein Blut durchströmt in einem großen Strom,
so wie die roten Blüten
auffliegen über Dächer und Menschen,
sich niederlassen auf Wassergräben,
auf der Zeit,
oder auf jenem Brunnen, mein Geliebter,
auf jenem Brunnen ...

Was bist du, Nicaragua?

Was sonst,
wenn nicht ein kleines Stück Land im Dreieck,
in der Mitte der Welt verloren?

Was sonst, wenn nicht der Flug der Vögel,
der Guardabarrancos,
Zenzontles,
Kolibris?

Was sonst, wenn nicht ein Flüsserauschen,
das blankgeschliffene, glitzernde Kiesel mit sich trägt,
Wasserspuren in den Bergen?

Was sonst,
wenn nicht Brüste aus Erde aufgewölbt,
glatt, spitz, bedrohlich?

Was sonst,
wenn nicht Blättersingen in gewaltigen Bäumen,
grün, mit flatternden Tauben?

Was sonst,
wenn nicht Schmerzen und Staub und Schreie am Tagesende,
»Schreie von Frauen, wie bei der Geburt«?

Was sonst,
wenn nicht geballte Faust und die Kugel im Lauf?

Wer bist du, Nicaragua,
mich so zu quälen?

Streik

Ich wünsche mir einen Streik, den alle unterstützen,
einen Streik mit Armen, Beinen und Haaren,
in jedem Körper entsteht dieser Streik.

Ich wünsche mir einen Streik
der Arbeiter   Tauben
Chauffeure   Blumen
Techniker   Kinder
Ärzte   Frauen.

Ich will einen großen Streik,
bis an die Liebe soll er heranreichen,
einen Streik, bei dem alles stehn bleibt,
die Uhr   die Fabriken
die Schule   die Universität
der Bus   die Krankenhäuser
die Straße   die Häfen
einen Streik der Augen, Hände und Küsse,
einen Streik, der den Atem anhält,
einen Streik, bei dem es so still wird,
     daß wir des fliehenden Tyrannen
     Schritte hören.

Evocación a la magia

¿Te encontraré, Mago?

¿Alguna vez volveré a llorar
con la cara escondida en las rodillas?

¿Alguna vez volveremos a los aeropuertos
sin salas de espera
de donde salíamos como pájaros
prendidos del tiempo y de la última mirada?

¿Volveré a dejarte solo la última noche del año,
saliendo detrás del portazo con mis libros,
o viajaremos cómplices en el secreto,
amándonos y odiándonos,
sentados en una terraza
bajo los fuegos artificiales?

¿Te veré acaso cuando otra vez regrese de alguna parte,
llorando el amor mojado de la desesperación,
contándote que yo pensaba ser Sherezada de tus
        noches
para que nunca me cortaras la cabeza?

Te encontraré, Mago, en un día sin citas,
sin premeditación,
entre los corteses de tu calle o la mía,
con esta misma nostalgia prendida en la punta de los
        dedos,
doliéndome las ganas de romper el hechizo que nos
        hicimos,
el tiempo que desconstruimos
—no vernos para sabernos lejos—
mientras el ojo que no engaña
te refleja en todas las vidrieras de la vida,
en los charcos, las bujías, el cansancio,
en las noches que paso con tu fantasma a cuestas,

Beschwörung

Werde ich dich finden, Zauberer?

Werde ich noch einmal weinen,
das Gesicht versteckt auf den Knien?

Kehren wir noch einmal zurück zu den Flughäfen
ohne Wartesäle,
von denen wir aufflogen wie Vögel,
ergriffen von der Zeit und von letzten Blicken?

Lasse ich dich wieder allein in der letzten Nacht des Jahres,
allein hinter zugeschlagenen Türen,
hinter denen ich verschwand mit meinen Büchern,
oder reisen wir zusammen, Verschworene im Geheimnis,
uns liebend und hassend
auf einer Terrasse
unter buntem Feuerwerk?

Werde ich dich finden, wenn ich wiederkehre von
     irgendwoher
und unsere nasse Liebe der Verzweiflung beweine?
Wirst du mir glauben, wenn ich dir sage,
ich wollte die Scheherezade deiner Nächte sein
damit du mir nie das Haupt abschlügest?

Ich finde dich, Zauberer,
eines unvorhergesehenen, unvorherbedachten Tages
unter den Menschen deiner Straße oder der meinen
noch mit der gleichen Sehnsucht in den Fingerspitzen,
voll schmerzender Lust, den Zauber zu zerbrechen,
mit dem wir uns belegten
und die Zeit, die wir zerstörten
– uns nicht zu sehen, um uns fern zu wähnen –
fern, wo doch das Auge, das nicht täuscht,
dich in allen Fenstern des Lebens spiegelt,
in den Pfützen, den Lampen, der Müdigkeit,

ese que me ama
como un loco suelto en media Revolución,
para siempre jamás,
para siempre, Mago,
para siempre.

in den Nächten, angefüllt mit deinem Gespenst,
einem Gespenst, das mich liebt
wie ein entlaufener Irrer inmitten der Revolution,
immer und ewig
immer, Zauberer
immer.

Klar sind wir kein Beerdigungsinstitut,
wir nehmen uns das Recht auf Fröhlichkeit ...
Mario Benedetti

Klar, wir sind kein Beerdigungsinstitut:
trotz all der hinuntergeschluckten Tränen
sind wir fröhlich genug, Neues anzugehn;
unsere Tage und Nächte genießen wir,
auch die Müdigkeit, und fangen
das Lachen ein aus dem hohen Wind.

Wir nehmen uns das Recht, fröhlich zu sein,
die Liebe anzutreffen
in ferner Erde,
beneidenswert,
weil wir Freunde fanden,
mit ihnen zu teilen
Brot, Schmerz und Bett.

Eigentlich sind wir geboren, glücklich zu sein,
doch umstellen uns Trauer und Verdruß,
Tod, und der Zwang, uns zu verbergen.
Flüchtig wie Ausbrecher
sehn wir zu, wie sich Furchen in unsere Stirn eingraben,
und wir werden ernst,
aber immer wieder kommt uns das Lachen,
wie an unsere Fersen geheftet,
und wir können uns vor Lachen ausschütten
und in der schwärzesten und engsten Nacht glücklich sein,
denn wir bestehen aus großer Hoffnung,
aus großer Zuversicht, die uns voranbringt,
und wir haben den Sieg um den Hals geschlungen
und schlagen seine Glocke, lauter mit jedem Schlag,
und wir wissen, nichts kann geschehn, was uns aufhält,
denn wir sind Samen und Wohnung eines heimlichen
        Lächelns,
das wird schon bald
aus allen Gesichtern
springen.

Oh, Nicaragua,

du bist mein Mann
mit dem Mädchennamen!

Ich mag dich.
Wie du dich mit Wald,
mit Tal und Berg ausdehnst, mag ich dich.
Ich mag deine Hitze, und wie die Sonne auf deinen Wegen
    steht,
ich mag deine riesige, grüne, haarige Brust,
darin hör' ich Vulkane und Magma grollen,
ich mag den Donner, wenn dein Himmel atmet,
wenn es regnet und gießt,
ich mag die Weise, wie du mich besessen hast,
mich angefüllt hast mit Blumen, mit Schmerz, mit Lachen
von Fuß bis Kopf.

Den Kopf hast du mir verdreht,
ich bin ganz verliebt in dich,
und wenn ich dich verließ, so nicht für lange,
nicht, um die Ketten und Feilen zu vergessen,
nicht, um zu vergessen, was nicht zu vergessen ist.

Ich bin bei dir, mein Nicaragua,
                mein Mann
                mit dem Mädchennamen.

Peticion

Vestime de amor
que estoy desnuda;
que estoy como ciudad
—deshabitada—
sorda de ruidos,
tiritando de trinos,
reseca hoja quebradiza de marzo.

Rodeame de gozo
que no nací para estar triste
y la tristeza me queda floja
como ropa que no me pertenece.

Quiero encenderme de nuevo
olvidarme del sabor salado de las lágrimas
—los huecos en los lirios,
la golondrina muerta en el balcón—.

Volver a refrescarme de brisa risa,
reventada ola
mar sobre las peñas de mi infancia,
astro en las manos,
linterna eterna del camino hacia el espejo
donde volver a mirarme
de cuerpo entero,
protegida,
tomada de la mano,
de la luz,
de grama verde y volcanes;
lleno mi pelo de gorriones,
dedos reventando en mariposas,
el aire enredado en mis dientes,
retornando a su orden
de universo habitado por centauros.

Vestime de amor
que estoy desnuda.

Bitte

Kleide mich in Liebe,
denn ich bin nackt,
bin unbewohnte Stadt,
benommen von Lärm,
taub von Trillern,
trockenes Blatt im März.

Umhülle mich mit Freude,
ich wurde nicht geboren, um traurig zu sein,
die Traurigkeit ist mir zu weit
wie ein fremdes Kleid.

Ich will wieder brennen,
den salzigen Geschmack der Tränen vergessen,
die Löcher in den Lilien,
die tote Taube auf dem Balkon.

Noch einmal mich wiegen im wehenden Wind,
schäumende Welle,
Meer über den Klippen meiner Kindheit,
Sterne in den Händen,
lachende Lampe auf dem Weg zum Spiegel,
in dem ich mich wieder schaue
heilen Leibes,
beschützt,
an die Hand genommen
vom Licht,
von grüner Wiese und Vulkanen,
das Haar voller Spatzen.
Schmetterlinge sprießen aus meinen Fingern,
Luft nistet in den Zähnen
und kehrt zurück zur Ordnung
des Universums bewohnt von Zentauren.

Kleide mich in Liebe,
denn ich bin nackt.

Verwandlung

Die Kletterpflanze
kriecht mir
aus den Ohren.

Meine Augen haben sich in schwankende
Staubblätter verwandelt,
mein Mund ist voll
von violetten Blumen.

Wenn ich gehe,
verstreue ich Blätter
über das Haus.

Alles im Raum ist meinen Zweigen im Weg,
überall verfange ich mich,
sogar meine Nase
ist grün geworden,
mein Duft anders,
ich stoße mich an den Möbeln,
meine Beine
brechen die Fliesen auf,
dringen in die Erde ein
und verwurzeln.

Mein Haar läßt keine Bewegung mehr zu,
es hat sich an die Wände geheftet,
die Arme sind verschwunden,
nur Finger habe ich noch,
und mein Körper
ist zum Stamm geworden.

Mit meinen Fingern
berühre ich mich
von allen Seiten,
erkenne mich wieder
in Blättern

und Zweigen
und den Blumen, die in meinem Mund sind
und meine Zähne färben.

Meine Finger streichen an mir entlang,
und wo sie mich berühren,
wachsen Zweige,
und endlich,
nach viel Widerstand,
werden die Hände weich,
Knospen sprießen
aus den Fingerkuppen.

Mein Mund voller lila Blüten
hat meinen Körper beredet,
ich bin verwandelt
in eine Kletterpflanze,
stachlig,
allein,
Natur geworden.

In memoriam

Como una immensa catedral,
ahumada de tiempo y peregrinos,
abierta de vitrales,
cobijada de musgo y pequeñas violetas olorosas,
esta noche oficio para vos
un in Memoriam cálido,
una lámpara ardiendo.

Por los más oscuros pasadizos de mis muros internos,
a través de intrincados laberintos,
de puertas canceladas,
de candados y rejas,
camino hacia el encuentro de tu sombra.
Tu efigie de largas vestiduras monacales
me espera en el atrio del recuerdo
junto a la fuente silenciada.

Arrastro las largas vestiduras del encierro.
No sé si notarás,
cuando callada te me acerque,
cómo mi corazón semeja un cirio
y cómo se me amontonan en los ojos
todas las mieles espesas de la sangre.

En el redondo espacio temporal
de esta noche en que invoco tu nombre,
alzo el manto que oculta quedamente el secreto,
te muestro el altar de los suspiros,
la caja cincelada donde guardo tus gestos,
el conjuro de rosas que perfuma mis huesos.
Mi cuerpo tu perenne habitación.
Tu morada de las suaves paredes.

In Memoriam

Wie ein riesiger Dom,
rauchgeschwängert von Zeit und Pilgern,
buntfenstrig
umsäumt von Moos und duftenden Veilchen,
zelebriere ich diese Nacht für dich
eine Gedenkmesse,
warmleuchtende Lampe.

Durch die dunkelsten Gänge meiner inneren Mauern,
durch verschlungene Labyrinthe,
verschlossener Türen,
und vergitterter Fenster
schreite ich deinem Schatten entgegen.
Dein Bild gekleidet in Mönchsgewänder
erwartet mich im Vorhof der Erinnerung
neben dem verschlossenen Brunnen.

Schleppend trage ich das lange Gewand der Gefangenschaft.
Ich weiß nicht, ob mein schweigendes Schreiten dir verrät,
daß mein Herz eine Kerze ist
und in meinen Augen sich der schwere Honig
meines Blutes spiegelt.

In dem runden Raum der Zeit
dieser Nacht, in der ich deinen Namen rufe,
hebe ich langsam das Hemd, das still das Geheimnis hütet,
und offenbare dir den Altar der Seufzer,
den gemeißelten Schrein, in dem ich deine Gebärden bewahre,
die rosenduftende Beschwörung, die meine Knochen
        schwängert.
Mein Körper, dein stetiger Raum,
deine weichwandige Wohnung.

Quizás ya no recuerdes
cómo ocupabas sus entrañas,
sus celdas enrejadas,
pero ellas conocen los murmullos, los cánticos.
Basta una chispa y lo muerto revive,
lo que pensábase dormido, despierta.

Oficio así esta resurrección,
este rito de invierno,
abierta, florecida como las limonarias.
Te enrostro mi amor enclaustrado,
sepultado tras días y barrotes de acero,
este amor sumergido tras pétalos de agua,
conservado en archivos subterráneos
lapidado, proscrito, negado miles veces,
intacto zarzal sin consumirse,
delicado reducto que la sangre preserva.
Lo pongo de nuevo en su lugar,
en su jaula del jardín de maduras manzanas,
lo condeno otra vez a la ceguera, lo silencio.

Ya mañana
trataré de olvidar
que, de luto, esta noche
me habitaste de nuevo
y fui aquella mujer que te llamaba
sin que jamás tu voz le respondiera.

Vielleicht hast du vergessen,
wie du einmal sein Innerstes bewohntest,
seine vergitterte Zelle,
doch er bewahrt das Flüstern und den Gesang.
Ein Funke, und das Totgeglaubte lebt,
was du schlafend wähntest, erwacht.

So zelebriere ich diese Auferstehung,
diese Wintermesse,
offen, meine Blüten wie Limonen.
Ich springe dich an mit meiner gefangenen Liebe,
begraben unter Tagen und stählernen Stangen,
versunken unter Wasserblüten,
versteckt in unterirdischen Archiven,
gesteinigt, geächtet, tausendmal verleugnet,
ein heiler Dornbusch, der nicht verbrennt,
zarte Festung bewahrt in meinem Blut.
Dann stelle ich sie wieder an ihren Platz,
schließe sie ein in ihren Käfig im Apfelgarten
und lasse sie wieder erblinden, verurteile sie wieder zum
    Schweigen.

Morgen dann, morgen
habe ich wieder vergessen,
daß du, in Trauer gekleidet,
mich noch einmal bewohntest
und ich die Frau war, die dich rief
ohne Antwort.

Und Gott machte eine Frau aus mir

Und Gott machte eine Frau aus mir,
mit langem Haar,
Augen,
Nase und Mund einer Frau.
Mit runden Hügeln
und Falten
und weichen Mulden,
höhlte mich innen aus
und machte mich zu einer Menschenwerkstatt.
Verflocht fein meine Nerven
und wog sorgsam
meine Hormone aus.
Mischte mein Blut
und goß es mir ein,
damit es meinen Körper
überall bewässere.
So entstanden die Gedanken,
die Träume,
die Instinkte.
All das schuf er behutsam
mit seinen Atemstößen
und seiner bohrenden Liebe,
die tausendundein Dinge, die mich täglich zur Frau machen,
derentwegen ich stolz
jeden Morgen aufwache
und mein Geschlecht segne.

Die Brust geben

Ich muß sie behutsam aufnehmen.

Es ist wie in der Hand Wasser tragen,
ohne es zu verschütten.

Ich setze mich in den Schaukelstuhl,
wiege sie hin und her,
und wenn sie zu schreien anfängt,
gebe ich ihr Milch wie eine friedliche Kuh.

Sie ist wieder mein,
an mich geschmiegt,
auf mich angewiesen,
so wie es war, als allein ich sie kannte
und sie in meinem Bauch wohnte.

Was ist.
Was hätte sein können.

Von der Frau aus die ich bin
betrachte ich manchmal die
die ich sein könnte.
Vortreffliche Frauen
ordentlich und nett
tugendhaft und sanft
wie meine Mutter mich wollte.
Ich weiß nicht warum
ich mein ganzes Leben gegen sie revoltierte.
Ich hasse ihre Bedrohung in meinem Körper
die Schuld die ihr tadelloses Leben
durch wer weiß welchen Zauber
mir einflößt.
Ich lehne mich auf gegen ihre guten Taten
ihre heimlichen Tränen nachts unter dem Kissen
wenn der Mann sie nicht sieht
die Reine ihrer Nacktheit unter der gebügelten Wäsche.

Diese Frauen
sehen mich an aus dem Inneren ihrer Spiegel
heben anklagend den Finger
und manchmal gebe ich ihrem Vorwurf nach
und suche die totale Anerkennung
möchte das liebe Mädchen sein, die anständige Frau
die gute Gioconda ohne Fehl und Tadel
mit einer Eins in Betragen
verliehen von der Partei, dem Staat, den Freunden,
meiner Familie, meinen Kindern und allen
        übrigen Lebewesen
die unsere Erde so reich bevölkern.
Um diesen unsichtbaren Widerspruch
zwischen dem was ist und hätte sein können
habe ich viele tödliche Kämpfe gefochten
unnütze Kämpfe zwischen ihnen und mir
– sie gegen mich die ich ich selbst bin –

Mit schmerzender Seele raufe ich mein Haar
überschreite uralte Programmierung
und zerreiße die inneren Frauen
die seit meiner Kindheit mir die Augen auskratzen
weil ich nicht in das Maß ihrer Träume passe
weil ich es wage fehlbar zu sein, glühend,
empfindlich, eine Irre die wie ein Marktweib
sich begeistert für jede gerechte Sache
für schöne Männer und tanzende Worte
weil ich, erwachsen, die verbotene Kindheit lebte
zur Bürozeit auf Schreibtischen liebte
geheiligte Bande zerriß
und es wagte den gesunden schwellenden Körper zu genießen
den mir die Gene aller meiner Vorfahren vermachten.
Ich gebe keinem die Schuld. Eher bin ich dankbar.
Ich bereue nichts, wie Edith Piaf schon sagte.
Doch in den dunklen Brunnen in die ich versinke
an den Morgen wenn die Tränen
in den kaum geöffneten Augen drängen
trotz des Glücks
das ich endlich gewann
indem ich Schichten und Ablagerungen
tertiären und quartären Gesteins durchstieß
sehe ich meine anderen Frauen versammelt im Kreis
ihre schmerzlichen Blicke

und fühle mich schuldig glücklich zu sein.
Die Geister kleiner Mädchen
tanzen im Kreis und singen ihre Ringelreihen
gegen mich
gegen diese Frau
die ein Mensch ist
eine Frau der Tat
mit Brüsten auf der Brust
und breiten Hüften
die Frau die ich, dank und trotz meiner Mutter,
nun einmal bin.

Sin palabras

Yo inventé un árbol grande,
más grande que un hombre,
más grande que una casa,
más grande que una última esperanza.

Me quedé con él años y años
bajo su sombra
esperando que me hablara.
Le cantaba canciones,
lo abrazaba,
le rescaba su rugosa corteza
entretejida de helechos,
mi risa reventaba flores en sus ramas,
y a cada gesto mío le crecían hojas,
le brotaban frutas...
Era mío como nunca nada ha sido mío,
pero no me hablaba.
Yo vivía pendiente de sus ruidos,
oyendo su suave aleteo de mariposa,
su crujido de animal de la selva
y soñaba su voz como un hermoso canto,
pero no me hablaba.

Noches enteras lloré a sus pies,
apretujada entre sus raíces,
sintiendo sus brazos sobre mí,
viéndolo erguido sobre mí,
sabiendo que me estaba pensando,
pero no me hablaba...
Aprendí a cantar como pájaro,
a encenderme como luciérnaga,
a relinchar como caballo.
A veces me enfurecía y hacía que se le cayeran todas las
*   hojas,*
lo dejaba desnudo y avergonzado
ante los guanacastes,

Ohne Worte

Ich erfand einen Baum, einen großen Baum,
größer als ein Mann,
größer als ein Haus,
größer als die letzte Hoffnung.

Jahrelang
wohnte ich unter seinem Schatten
und wartete auf ein Wort.
Ich sang ihm Lieder,
umarmte ihn,
kratzte an seiner rauhen Rinde.
Mein Lachen brach Blüten aus seinen Zweigen,
jede meiner Bewegungen lockte
neue Blätter und Früchte hervor ...
Er war mein, wie nie zuvor etwas mein war,
doch er sprach nicht mit mir.
Ich lauschte auf seine Geräusche,
ich hörte sein Schmetterlingsrauschen
und sein Urwaldkrachen,
ich erträumte mir seine Stimme wie süßes Singen,
doch er sprach nicht mit mir.

Nächtelang weinte ich zu seinen Füßen,
an die Wurzeln gekauert,
ich fühlte seine Arme
und sah ihn hoch über mir,
ich wußte, daß er mich dachte.
Doch er sprach nicht mit mir ...
Ich lernte singen wie ein Vogel,
leuchten wie ein Glühwürmchen,
wiehern wie ein Pferd.
Von Zeit zu Zeit übermannte mich der Zorn, so daß
        alle seine Blätter fielen
und er nackt dastand und beschämt
vor den laubreichen Guanacastes,
denn ich hoffte, er würde vielleicht,

esperando que –tal vez– entendería por mal,
como algunos hombres,
pero nada.

Aprendí tantas cosas para poder hablarle,
me desnudé de tantas otras necesidades
que olvidé hasta cómo me llamaba,
olvidé de dónde venía,
olvidé a qué especie de animal pertenecía
y quedé muda y siempreverde
–esperanzada–
entre sus ramas.

wenn nicht im Guten, so im Bösen lernen
wie manche Männer
Doch er sprach nicht mit mir.

Ich lernte so viele Sprachen für ihn,
ich entkleidete mich so vieler anderer Dinge,
daß ich vergaß, wie ich hieß
und woher ich kam,
bis ich nicht mehr wußte, ob ich Tier war oder Mensch
und stumm und immergrün
– voller Hoffnung –
hängen blieb in seinen Zweigen.

Niemand sucht aus

Man sucht sich das Land seiner Geburt nicht aus,
und liebt doch das Land, wo man geboren wurde.

Man sucht sich die Zeit nicht aus, in der man die Welt betritt,
aber muß Spuren in seiner Zeit hinterlassen.

Seiner Verantwortung kann sich niemand entziehen.

Niemand kann seine Augen verschließen, nicht seine Ohren,
stumm werden und sich die Hände abschneiden.

Es ist die Pflicht von allen zu lieben,
ein Leben zu leben,
ein Ziel zu erreichen.

Wir suchen den Zeitpunkt nicht aus, zu dem wir die Welt
    betreten,
aber gestalten können wir diese Welt,
worin das Samenkorn wächst,
das wir in uns tragen.

'Seit Monaten schon, mein Kind,

hab' ich dich nicht gesehn,
seit Monaten hab' ich dich nicht
warm in den Schlaf gewiegt,
seit Monaten sprechen wir nur über Telefon miteinander,
Ferngespräche, da müssen wir schnell reden,
wie erklär' ich dir, Liebling,
mit zweieinhalb Jahren, was eine Revolution ist?

Wie sage ich dir, viele Menschen sind im Gefängnis;
in den Bergen zerreißt das Leid ganze Dörfer;
andere Kinder gibts, die nie mehr die Stimme der Mutter
    hören?
Wie erklär' ich dir, daß es manchmal notwendig ist, sich zu
    trennen,
weil der Kreis sich schließt
und man die Heimat, das Haus und die Kinder verlassen muß
bis wer weiß wann
(und doch vertrauen wir auf den Sieg),
wie erklär' ich dir, daß das Land, das wir schaffen, für dich ist,
wie erklär' ich dir diesen ganzen Krieg
gegen das Leid, gegen den Tod, gegen die Ungerechtigkeit?
Wie erklär' ich dir so,
so viele Dinge,
mein kleines Mädchen?

Del diario de Ariadna

Me lanzaron al laberinto de Creta
porque me sabían enamorada del Minotauro
y estoy atrapada en una cueva,
en un resquicio donde él no puede verme.

Minos está tan cerca
que hasta puedo oír su respiración.
No me busca sabiéndome prisionera
del cuidadoso acertijo que urdió para apresarme.
Lo conozco y asimismo lo descomprendo,
lo amo y unísonamente lo odio;
su tormenta de sonidos me mantiene insomne las noches.
Veo la luz de la entrada
quisiera salir,
enseñarte Teseo el punto débil
pero temo, aguardo,
aquí en esta cueva de tiempo,
invisible, transparente,
sospechosamente calculando
cómo salvarlo de vos Teseo,
que me llamás: ¡Ariadna! ¡Ariadna!
para que te entregue el hilo brillante
conque lo sacarás para siempre
de este laberinto de mi vida.

Aus dem Tagebuch der Ariadne

Ich wurde dem Labyrinth von Kreta überantwortet,
denn man wußte, daß ich verliebt war in den Minotaurus.
Nun bin ich gefangen tief in der Höhle,
in einer Spalte wo er mich nicht findet.

Minos ist so nah,
daß ich seinen Atem höre.
Er sucht mich nicht, denn er weiß mich als Gefangene
seines Rätsels, das er sorgsam spann, mich zu fangen.
Ich kenne ihn, auch wenn ich ihn nicht begreife,
ihn liebe und gleichermaßen hasse.
Die Gewitterflut seines Lärms
hält mich schlaflos in der Nacht.
Ich sehe das Licht, das den Ausgang erhellt,
und möchte heraus,
dir zeigen, Theseus, den wunden Punkt.
Doch ich fürchte, ich warte
hier in der Höhle der Zeit,
unsichtbar, durchsichtig,
verdächtig berechnend,
ihn vor dir zu schützen, Theseus,
der du mich rufst: Ariadne, Ariadne,
damit ich dir den glänzenden Faden überreiche,
mit dem du ihn für immer
aus dem Labyrinth meines Lebens entfernst.

Früher einmal war ich ein fröhliches Mädchen,

mir gehörte mit meinem Lachen
die ganze Stadt.
Früher einmal war ich Dichterin,
führte ein neues Gedicht aus,
wie man ein Kind ausführt,
um ihm etwas zu zeigen, sich an ihm zu freuen.
Früher einmal war ich Mutter von zwei niedlichen Töchtern,
fühlte mich sicher meines Glücks,
bot dem Wind die Stirn, und den Dingen.

Nun
eine Frau, die das Land nicht kennt, wo sie wohnt,
ohne Liebe, ohne Lachen, ohne Nicaragua,
eine Dichterin, die im Verborgenen schreibt,
in ernsten Büros, im Gasthaus,
ein Mädchen, das unter einem Regenschirm weint,
wenn die Erinnerung zubeißt,
eine Mutter die sich nach ihren fröhlichen Töchtern sehnt,
nun
bin ich ein wehmütiger Regengesang,
bin ich gar nicht da.

Ich beobachte das gebogene Palmblatt,
wie ein Luftzug es hin und her bewegt.
Ich warte auf das Wort, das mich aus der Verstellung erlöst,
die Parole, die mich bekleidet mit Wolken und Regenbogen,
die mir den Hörer aus der Hand nimmt, wenn ich angestrengt
    Formeln aufsage,
die mich befreit aus ernsten Büromauern,
wo ich wie eine Taube im Käfig bin, die tut was sie tut,
während es draußen Blumen gibt, Zorn, Schweiß, Hände
vertrauensvoll am Abzug der Pistole.

La orquidea de acero

Amarte en esta guerra que nos va desgastando
y enriqueciendo.
Amarte sin pensar en el minuto que se escurre
y que acerca el adiós al tiempo de los besos.
Amarte en esta guerra que peleamos, amor,
con piernas y con brazos.
Amarte con el miedo colgado a la garganta.
Amarte sin saber el día del adiós o del encuentro.
Amarte porque hoy salió el sol entre nuestros cuerpos
    apretados
y tuvimos una sonrisa soñolienta en la mañana.
Amarte porque pudo oír tu voz
y ahora espero verte aparecer saliendo de la noche.
Amarte en toda esta incertidumbre,
sintiendo que este amor es un regalo,
una tregua entre tanto dolor y tanta bala,
un momento insereto en la batalla,
para recordar cómo necesita la piel de la caricia
en este quererte, amor,
encerrada en un triángulo de tierra.

Die Orchidee aus Stahl

Dich lieben in diesem Krieg, gleichzeitig reibt er uns auf
und bereichert er uns.
Dich lieben, nicht daran denken, wie die Zeit verrinnt,
wie über unsere Küsse der Abschied kommt.
Dich lieben in unserem eigenen Krieg
mit Beinen und mit Armen,
dich lieben mit Angst im Hals.
Dich lieben ohne Kenntnis des Tags unseres Abschieds oder
    des Wiedersehns,
denn zwischen unseren verschlungenen Körpern stieg heute
    die Sonne auf,
unser Lächeln war schläfrig am Morgen.
Dich lieben, denn ich habe deine Stimme gehört,
und warte nun darauf, dich zu sehn, wie du aus der Nacht
    auftauchst.
Dich lieben in dieser ganzen Ungewißheit,
fühlen, unsere Liebe ist ein Geschenk,
eine Pause in so viel Leid und im Kugelregen,
ein Augenblick in den Kampf eingefügt,
damit wir nicht vergessen, wie sehr die Haut Zärtlichkeit
    braucht,
wenn wir uns lieben, Geliebter,
eingeschlossen in einem dreieckigen Land.

Für Juan Gelman

Ich glaube, Juan,
wir sind
genau das, was wir sind,
ein Mann und eine Frau,
und gehen wie alle anderen durch die Welt
mit einem leisen Fragezeichen
hinter den Augen
und offenen Händen,
wir suchen blaue Vögel,
Siege,
Beruhigungsmittel gegen Schmerzen,
Schatten, uns vor Tränen zu schützen,
Spiegel, darin zu schauen,
einen Menschen der uns ansieht
mit unserem gleichen Lächeln,
mit unserer gleichen Zärtlichkeit,
der uns aus der Einsamkeit vertreibt
ohne andere Sonnen als die liebe Sonne,
die wärmt;
der uns von der Lebenswärme gibt,
die wir selbst in uns tragen,
der seine schönen Dinge zu den unseren legt:
die Revolutionen, die wir gewinnen,
die Hoffnung, die uns im Flug erhebt.
Geben und Nehmen
von Auge zu Auge
von Blut zu Blut.
Der uns beide verknüpft wie die Sonnenaufgänge
    eines gleichen Landes,
der Freude und Trauer vermischt
und uns beide hinausführt unter Bäume
wie bockige Tiere,
die Liebe wittern.

Ich glaube, Juan,
es gibt einen Spiegel,
der spiegelt uns beide
zur gleichen Zeit.

Vigilia

Uno tras otro se amontonan los días de la vida.
Pasan. Se suceden.
Soy yo la que construye esperanza sobre la hierba.
La que se ve desnuda aún rosa y piel cálida.
Allá están las colinas de mi retozar.
Los arroyos y los valles de las correrías bajo la lluvia.
Veo pasar los rostros que alguna vez alzados como lámparas
iluminaron el mío y me poblaron de símbolos y palabras
*   nuevas.*
Los poemas vuelan como bandadas de palomas sobre la
*   cabeza.*
Todo esto lo observo desde mi celda virgen donde nadie
*   penetra.*
Al final del encuentro con el mundo de los sueños
desperté con la anunciación del júbilo
pero non hubo quien abrazara mi cuerpo y soplara caricias
*   en mi oído.*
Sin embargo soy feliz.
Veo los vientres hinchados de vida que vendrá.
Los campos arados.

Es la hora de la meditación y tejo un sueño
porque aprendí que los sueños son posibles.
Escribo manuscritos viejos y reescribo una nueva historia
*   del mundo.*
Esta es la tierra prometida de la cual nos habían arrojado.
Ejércitos de querubines, coros de ángeles
cuidan a los moradores del paraíso
para que soporten las privaciones
y no coman la manzana de la perdición.

Me han dejado la lámpara de las vírgenes prudentes
pero también las visiones de los bosques
donde habitan los unicornios.
El amado no llega.
A veces pareciera que diviso su sombra acercándose

Nachtwache

Einer nach dem anderen häufen sich die Tage des Lebens.
Gehen vorüber. Folgen einander.
Ich bin es, die Hoffnung baut auf dem Gras.
Die nackt ist noch, rosig und warm.
Dort liegen die Hügel meiner tändelnden Schritte.
Die Bäche und Täler des Schwärmens unter dem Regen.
Gesichter ziehen vorüber, die einmal hocherhoben wie
        Lampen
mein Antlitz erhellten und mich bevölkerten mit Symbolen
        und neuen Wörtern.
Gedichte fliegen wie Taubenschwärme über Köpfe.
Dies alles betrachte ich aus meiner jungfräulichen Zelle,
        die niemand betritt.
Am Ende der Begegnung mit der Welt der Träume
erwachte ich mit einem Ahnen von Jubel.
Doch niemand umarmte meinen Körper und blies mir
        Zärtlichkeit ins Ohr.
Dennoch bin ich glücklich.
Ich sehe Leiber geschwollen von kommendem Leben.
Die Felder gepflügt.

Es ist die Zeit des Besinnens, und ich webe einen Traum,
weil ich lernte, daß Träume möglich sind.
Ich schreibe alte Manuskripte und erfinde eine neue Geschichte
        der Welt.
Dies ist das gelobte Land, aus dem sie uns vertrieben.
Himmlische Scharen. Engelschöre
beschützen die Bewohner des Paradieses,
damit sie die Entbehrungen ertragen
und nicht vom Apfel des Verderbens essen.

Man hat mir die Lampe der klugen Jungfrauen übergeben,
doch auch die Visionen der Wälder,
in denen das Einhorn haust.
Doch der Geliebte kommt noch nicht.
Manchmal ist es, als sähe ich seinen nahenden Schatten

y que su voz como las trompetas de Jericó parece pronta a
*   alzarse*
para derrumbar los muros que contienen el amor.

Me dicen que la perseverancia es virtud de los triunfadores.
La paciencia seguro escudo contra los espejismos que
*   producen falsos sueños.*
Entonces doy vuelta al reloj de arena
y dibujo en largos pergaminos la sustancia de mi felicidad.

Esa que sólo espero habrá de levantarse
de la niebla y el vapor
hacerse hombre y venir a habitarme
aparecida en medio de todos
puerto final de mis tempestades
por los siglos de los siglos
Amén.

und hörte seine Stimme, die sich laut erhebt,
die Mauern einzureißen, welche die Liebe umgeben.

Man sagt, die Beharrlichkeit sei die Tugend der Sieger.
Die Geduld sicherer Schild gegen die Täuschung falscher
     Träume.
So drehe ich die Sanduhr
und male auf lange Pergamente das Wesen
meines Glücks.

Das Erwartete wird kommen
aus Nebel und Rauch,
wird Mensch werden und mich bewohnen,
plötzlich greifbar inmitten der Menge
endlicher Hafen meiner Stürme
von Ewigkeit zu Ewigkeit
Amen.

Was ich sah in einem Fenster in Houston, Texas.

Von hier aus sehe ich dich,
undeutlich,
Angestellter der Fannin Bank
in Houston, Texas,
in Bilanzen und Rechnungen befangen.
Niemals wirst du erfahren, wer ich bin –
wahrscheinlich bleibt dir nicht viel Zeit zum Lesen,
erst recht nicht für das, was ich schreibe
und was die Zeitungen in deiner Stadt nicht bringen.
Ich kenne dich auch nicht,
und doch schreibe ich solidarisch diese Zeilen
an deine unbewegte Gestalt,
gebückt über die Zahlen
irgendeiner unsichtbaren Bilanz,
die du mit deinem Namen unterzeichnest
(vermutlich instinktiv),
da du vielleicht oder sehr wahrscheinlich
nicht viel von dir selbst weißt,
so wie auch ich nicht viel von mir weiß
in dieser Stadt, die ohne die geringste Anstrengung
unseren lautesten Protest
ersticken würde.

Zeichen im Sand

Laßt uns einmal die Frauen anhören,
ihre Füße tanzen im Sand
hören wir sie an.
Ruhe, ihr alle.

Diese mit den schleppenden Sandalen
und dem Blick auf den nassen Zehen
kommt aus der Fabrik,
sie trägt ein Tuch um den Kopf
die Maschinen dröhnen ihr noch in den Ohren.
In der Richtung ihrer Träume
springen Kinder über Tische und Stühle,
wartet ein Haufen Wäsche
ungeputztes Gemüse.
Töpfe die keine anderen Hände kennen als die ihren.
Diese hier vorn. Ja, diese junge im geblümten Kleid
mit den hohen Absätzen,
den langen Fingern und den roten Nägeln,
sie kommt gerade aus dem Büro,
müde vom ewigen Telefonieren,
dem Kaffeekochen für Tassen aller Größen.
In der Richtung ihrer Träume
wartet ein Mann auf ihr Lächeln
und ein Haufen Wäsche
und ungeputztes Gemüse
und Töpfe, die keine anderen Hände kennen als die ihren.
Und diese andere, die große
die im Gegenlicht wirkt wie ein Monument,
ihre Hände sind grob und kennen kein süßes Mandelöl.
Sie sind wie Erde. Krümelig. Tief.
Sie stand den ganzen Tag gebückt in der Sonne
und bepflanzte die Furchen. Das ist ihre Arbeit: das Wachsen
          der Samen zu hüten.
In der Richtung ihrer Träume weinen Kinder
Kinder mit Gesichtern wie tönerne Krüge. Sie erscheinen

bei Vollmond. Und erscheinen immer weiter, solange der
      Mann
abends heimkehrt vom Feld mit schmutzigen Hosen und
      Hunger und
Augen die sagen Feuer auf den Herd, Holz in die
Küche, Mais, Fladen, Tortillas.

Eine nach der anderen kommen die nächtlichen Bienen
mit ihrem heimlichen Honig.
Diese Frauen möchten Schmetterlinge sein und die Flügel
      ausbreiten
im sanften Raum am Ende des Tages.

Hören wir weiter.
Jetzt kommt der Mann mit seinem Bündel Arbeit,
er läßt es fallen vor der Tür.
Kein ungeputztes Gemüse wartet auf ihn,
keine Töpfe, die seine Hände nicht kennen.
Die Kinder schlafen.
Sie ist es, die vor die Tür tritt
und lächelt,
die Frau mit dem Haufen Wäsche, dem ungeputzten
Gemüse, dem Herd und dem ewig müden Lächeln.

Hören wir weiter.
Laßt uns die Zukunft malen in den Sand,
Mann und Frau zusammen,
eine Welt ohne Teilung,
eine blaue Welt mit einem heilen Himmel,
in der die Liebe herauskommt aus den Betten und den Parks
und zwischen die Töpfe kriecht, die Besen, die schmutzige
Wäsche, das ungeputzte Gemüse, die Staublappen und die
      Kinder.
Laßt uns eine Zukunft malen,
in der Mann und Frau miteinander sprechen
und einander begleiten über die Haustür hinaus.
Ein Mann und eine Frau fröhlich auf der Straße am Sonntag,
als ob sie zusammen geboren wären.
Laßt uns eine Welt malen, in der auch das Kleine groß ist.

Laßt uns ein Haus malen so groß wie eine Fabrik,
so groß wie der größte und tapferste Kampf.
Laßt uns die Liebe malen mit Riesenbuchstaben,
einen Mann und eine Frau die sich lieben
und ihre Jungen mit der Liebe der Löwen.
Laßt uns einen leuchtenden Stern malen,
einen Morgenstern
auf der Stirn der Menschen.
Laßt uns uns selbst malen in unseren Lieblingsfarben,
in der Farbe des Friedens,
in der Farbe des Morgens,
der wogenden Farbe des Zuckerrohrs,
der Farbe des Hauses, das wir Heim nennen.
Laßt uns uns selbst malen,
wie zwei Wirbelstürme, die Hand in Hand
die Welt von neuem erfinden.

Magias para descansar

Yo hubiera querido inventar la magia
de hacerte crecer un ramo de begonias
en medio del pecho;
y hubiera querido, quisiera
inventar un modo para que tus ojos sobre los míos
derramaran alas de ruiseñores
y un espeso, ensordecedor torrente de miel.

Hubiera querido, quisiera
despertarte Adán frente a la única Eva posible del mundo
y quizás soñar que constante dibujas
la silueta de mi recuerdo sobre la arena.

Yo quisiera convencerte de que el horizonte
puede abrirse como un inmenso telón
desde donde asomarnos al borde de otro Universo
en que la intensidad de un girasol
puede encender los pétalos del día.

Quisiera que mi mágico sombrero
provocador de ilusiones y tiernos deseos
– irresponsables y atrevidos –
fuera como un plato común
donde los dos alimentáramos la sonrisa.

Quisiera transformar tantas cosas;
distancias mudas cerrándome las puertas
de cálidas horas interminables.
Y por querer lo que quiero
ando soñando dulcinea mujer
quijote sopladora de molinos de viento
sin redención para el amor,
amando
sin brújulas
ni instrumentos que detengan mi rumbo de pájara,
enamorada

Hexeneinmaleins zum Träumen

Ich wollte ich hätte einen Zauber erfunden,
einen Zauber, der dir mitten aus der Brust
einen Begonienstrauß sprießen läßt.
Und ich wollte ich könnte, ich möchte
einen Trick erfinden, der aus deinen Augen auf die meinen
Nachtigallenflügel tropfen läßt
und dicken lautströmenden Honig.

Ich wollte ich könnte, ich möchte
dich Adam erschaffen für die einzig mögliche Eva der Welt,
vielleicht auch dich träumen
beim hartnäckigen Malen meines Schattens in den Sand.

Ich möchte dir zeigen, daß der Horizont
durchaus aufgehen kann wie ein riesiger Vorhang
und es möglich ist, sich über den Rand der Welt zu
        beugen,
wo das Leuchten einer Sonnenblume
die Blüten des Tages erhellt.

Ich möchte, daß mein Magierhut,
dieser Träumer von Mirakeln und zärtlichen Wünschen,
– kühnen und verwegenen –
ein ganz gewöhnlicher Teller wär,
aus dem wir zwei das Lachen füttern.

Ich möchte so viele Dinge verwandeln,
stumme Entfernungen, die mir die Türen
warmer endloser Stunden verschließen.
Und weil ich möchte, was ich möchte,
irre ich träumend Dulcinea
Quichotin blasend auf Windmühlenflügel,
unerlöst für die Liebe,
ohne Kompaß noch andere Instrumente,
den Flug der Vögelin zu leiten,
verliebt,

del sonoro,
dulce,
huracán
de tu palabra.

in den klingenden
süßen
Sturm
deiner Worte.

Die Menschen liebe und besinge ich

Die Menschen liebe
und besinge ich.

Ich liebe die Jungen,
aufreizende Reiter der Luft,
Bevölkerer der Flure in den Universitäten,
Rebellen, Nichtanpasser, Planer anderer Welten.
Ich liebe die Arbeiter,
diese schwitzenden braunen Giganten,
sie ziehen im Morgengrauen hinaus, Städte zu bauen.
Die Schreiner liebe ich,
die das Holz kennen wie ihre Frau
und es bearbeiten, nach seiner Art.
Ich liebe die Bauern,
die keine anderen Traktoren haben als ihre Arme,
sie reißen den Leib der Erde auf und besitzen sie.
Ich liebe, betrübt und mitleidig, die schwierigen
    Geschäftsleute,
die ihre Männlichkeit
in eine blutdürstige Rechenmaschine umgewandelt
und tiefe Gedanken und lebendige Gefühle
durch Berechnungen und ausbeuterische Methoden ersetzt
    haben.
Die Dichter liebe ich, schöne, flammenschleudernde Engel,
die aus dem Wort neue Welten ersinnen,
die dem Lachen und dem Wein ihre gerechte, sprichwörtliche
    Bedeutung geben,
die von der Tragweite eines ruhigen Gesprächs unter Bäumen
    wissen,
diese starken Dichter, die sich der Trauer aussetzen und
hingehen und alles verlassen und sterben,
damit Menschen mit aufrechtem Gang geboren werden.
Die Maler liebe ich, Farbmenschen,
die für unsere Augen die Schönheit bewahren,
und auch die anderen, die den Schrecken und Hunger malen,
damit wir uns daran erinnern.

Ich liebe die einsamen Denker,
die außerhalb von Liebe und einfachem Verstehen leben,
sie verlieren sich in unabsehbare Nachforschungen
und quälen sich Tag und Nacht vor der Sinnlosigkeit der
    Antworten.

Alle liebe ich mit der Liebe der Frau, Mutter, Schwester,
mit einer Liebe, die größer ist als ich selbst,
die über mir ist und mich umgibt wie ein Ozean,
worin alles Geheimnis sich in Schaum auflöst.

Die Frauen liebe ich, angefangen bei ihrer Haut, die meine
    Haut ist,
sie empören und wehren sich mit blankgezogener Feder und
    Stimme,
die Frau liebe ich, die in der Nacht aufsteht und nach ihrem
    Kind sieht, das weint,
die Frau, die über ein Kind weint, das für immer schläft,
die Frau, die feurig in den Bergen kämpft,
die Frau, die schlecht bezahlt in der Stadt arbeitet,
die Frau, die dick und zufrieden singt, wenn sie Tortillas bäckt
    in der heißen, bauchigen Pfanne,
die Frau, die das Gewicht eines neuen Lebens trägt in ihrem
    geräumigen, fruchtbaren Leib.

Alle liebe ich sie, und nenne mich glücklich, von ihrer Art zu
    sein.
Ich nenne mich glücklich, zusammen mit Frauen und
    Männern zu leben
hier unter diesem Himmel, auf dieser tropischen, fruchttragen-
    den Erde,
wellig und mit Pflanzen bewachsen.
Ich nenne mich glücklich, zu sein und geboren zu sein,
glücklich wegen meiner Lungen, die Luft herein und wieder
    hinaus führen,
denn beim Atmen spüre ich, wie die ganze Welt in mich eintritt
und mich wieder verläßt und von mir etwas mitnimmt;
wegen dieser Gedichte, die ich schreibe und dann in den Wind
    werfe zur Freude der Vögel,

wegen allem was ich bin, und weil ich die Luft durcheile mit
    meinem Schritt,
wegen der Blumen, die sich am Wegrand wiegen,
und wegen der Gedanken, die unzähmbar in den Köpfen
    aufeinanderprallen,
wegen des Widerstands, wegen des Aufruhrs.
Ich nenne mich glücklich, denn ich bin Teil einer neuen Zeit,
denn ich habe erkannt, wie wichtig es ist, daß ich lebe,
daß du lebst, daß alle wir leben,
daß meine Hand sich mit anderen Händen verschränkt,
mein Lied sich vereint mit anderen Liedern.

Denn meine Aufgabe hab' ich erkannt, Schöpfer zu sein,
Gestalterin meiner Zeit, die unsere Zeit ist,
ich will auf die Straßen gehen, aufs Land,
in die Villen und in die Hütten,
will die Trägen aufrütteln und die Tagediebe
und die, die das Leben verfluchen und die schlechten
    Geschäfte
und die, die vor Zahlenreihen die Sonne nicht mehr erblicken,
die Ungläubigen, die Verzweifelten, solche, die die Hoffnung
    verloren haben,
solche, die lachen und singen und mit Zuversicht sprechen,
ich will sie alle ins Morgenlicht tragen,
damit sie das Leben erkennen, wie es dahinzieht
schmerzhaft, herausfordernd, schön,
das Leben, das uns erwartet nach jedem Sonnenuntergang
– letztes Zeugnis eines für immer entschwindenden Tages,
der die Zeit verläßt und niemals zurückkehrt.

Alle will ich verlocken, nach der Freude
zu greifen, die jetzt beginnt, nach einem Universum,
das nur darauf wartet, daß wir seine Türen aufstoßen
mit der Kraft unseres unaufhaltsamen Schritts.
Ich will sie dazu bringen, die Wege zu beschreiten,
auf denen unerbittlich die Geschichte vorrückt.
Weil ich sie liebe, bringe ich sie vor das neue Morgen,
das wir alle gemeinsam schaffen, frei von Last.

Gehn wir, und daß keiner zurückbleibt!
Daß niemand faul, ängstlich, träge die Erde bewohne,
damit unsere Liebe gewaltig wie Erdbeben und Sturmfluten
	werde,
wie Zyklone und Hurrikane,
und alles, was uns beengt, verfliege in Nichts,
während neue Männer und Frauen
geboren werden, aufrecht,
leuchtend,
wie Vulkane.

Si yo no viviera

Si yo no viviera en un país asediado
que rodeado de muerte nos da vida.

Si no creyera en la fuerza del pensamiento
y pensara que sólo es útil
para ejercicio del cerebro.

Si no me despertara cada mañana
con algo menos,
algo que ya no está:
– el jabón, las bujías, la leche –
y no supiera que en adelante
tendré que inventarme hasta la luz
y volver contenta
a lo primitivo y bueno
que hay en cada casa,
en cada corazón.

Si no caminara cotidianamente
en la navaja que separa las nubes
del cielo y el infierno
y fuera una mujer de lino en un país planchado
desarrollado
lleno de todo lo que aquí nos falta ...

Seguramente
hubiera pasado a tu lado
sin mirarte
sin que me vieras.

Seguramente
ni vos
ni yo
estaríamos ahora sentados
mirándonos
tocándonos

Lebte ich nicht

Lebte ich nicht in einem bedrohten Land
das, von Tod umgeben uns Leben gibt.

Glaubte ich nicht an die Kraft der Gedanken,
meinte gar, sie seien nur nützlich
als Turnübung fürs Hirn.

Erwachte ich nicht jeden Morgen
mit etwas weniger,
etwas, das nicht mehr da ist:
– die Seife, die Glühbirnen, die Milch –,
und wüßte ich nicht, daß ich mir in Zukunft
sogar das Licht werde erfinden müssen
und zufrieden zurückkehren
zum Einfachen und Guten,
das in jedem Haus ist,
in jedem Herzen.

Schritte ich nicht täglich
auf des Messers Schneide, das die Wolken
des Himmels von der Hölle trennt
und wäre eine Frau aus Leinen in einem gebügelten,
        entwickelten Land,
angefüllt mit all dem, was hier uns fehlt ...

Gewiß
wäre ich an dir vorübergegangen,
ich hätte dich nicht gesehen,
du hättest mich nicht gesehen.

Gewiß ist,
weder du
noch ich
säßen jetzt hier,
schauten uns an,
berührten uns

acariciando
como a un niño
el tiempo.

und streichelten
wie ein Kind
die Zeit.

Die Begegnung

Die erste Nacht beschreiben, in der ich dich sah, du standst vor
der Glasscheibe des Hotels, die dich mit deiner grünen Jacke
und deinem ruhigen Gesicht spiegelte, du fragtest mich etwas,
als ich herauskam, und halfst mir, einen Poncho, weiß wie der
Mond, überzulegen, und dann gingen wir lange Zeit durch eine
fremde Stadt, die aber schon unsere war, weil wir zusammen
waren, schüchtern, voll von Worten, angesammelt in dem Jahr,
in dem wir uns nicht gesprochen hatten, und wir tranken einen
Kaffee und dann noch einen, und während ich einen Nußku-
chen aß, küßtest du mich, und ich blickte dich immer noch
erschrocken an, wenn ich dich neben mir sah, und danach
gingen wir weiter und nahmen ein Taxi, weil mir kalt war, und
ich verriet dir, daß ich Gedichte für dich geschrieben hatte,
und wir gingen in meine Wohnung, um sie zu lesen und uns zu
küssen, wie zwei Hungrige, ganz allein und geschützt vor der
Neugier einer ganzen Stadt voller Leute, und wir verloren uns
in gierigen Umarmungen, bis oben hin voll von Dingen, die
man nicht nennen kann, dafür sind die Worte noch nicht erfunden, und wir berührten einander wie jemand, der zum er-
stenmal das Gefühl des Berührens erfährt, und gaben uns der
Liebe hin, der Liebe, der Liebe, bis wir einschliefen, bis wir
aufwachten, und du gingst diesen Morgen weg und liebtest
mich auf andere Weise, und ich wachte später auf und suchte
dich und dachte, ich hätte geträumt, und setzte mich auf und
besah mich im Spiegel, um nachzusehen, ob ich wirklich diese
nackte Frau sei, der man die Küsse ansah, mit wirrem Haar
und im ganzen Körper glücklich, und lange glaubte ich, daß es
nur ein Traum gewesen sei, bis ich dein Halstuch erblickte, das
du vergessen hattest, das spiegelte sich auch im Spiegel.

Wie ein Krug

In den guten Tagen, mit Regen,
als unerschöpflich
wir uns liebten,
als wir uns einander
öffneten, einer dem andern,
wie heimliche Höhlen,
in diesen Tagen, Geliebter,
wie ein Krug fing mein Körper
all das weiche Wasser auf,
das du über mich gabst,
und jetzt,
in diesen dürren Tagen,
wenn deine Abwesenheit die Haut
schmerzt und aufschürft,
fließt Wasser aus meinen Augen,
gesättigt von deinem Andenken,
und benetzt meinen trockenen Körper,
so leer und so voll von dir.

Arboles despeinados

Están rosados
rosados
los robles.
Rosado
rozado
está mi corazón.

En la herida de la temporalidad
te guardo.
Te alojo en mis pulmones
con el aire de la respiración.

Los vientos alisios los despeinan
los árboles.
Yo me descalzo
ando por las flores rosadas
como si así
lograra el polen
la sustancia para dejar detenido
el gesto que te acerca
con el que me llamás.

Convocada por los vientos
en el volcán me yergo
te invito a este mundo de jaguares
este mundo de helechos
este mundo tendido
que mira y se entrega
abierto en lagos y veredas oscuras
cubierto de musgo
mirando
– mira que nos está mirando el mundo este mundo de
*   árboles –.*

Zerzauste Bäume

Blaß blühen
blaß
die Eichen.
Blaß
beladen
ist mein Herz.

In der Wunde der Zeitlichkeit
bewahre ich dich.
Ich beherberge dich in meinen Lungen
mit der Luft meines Atems.

Die elysischen Winde zerzausen
die Bäume.
Ich ziehe die Schuhe aus
und laufe barfuß durch die blassen Blüten
als ob so
ihr Staub die Kraft gewönne
die Bewegung zu halten
die dich herführt
mit der du mich rufst.

Berufen von den Winden
erhebe ich mich im Vulkan
lade dich ein in diese Welt
der Jaguare und Farne
in diese ausgegossene Welt
die schaut und sich hingibt
offen in Seen und dunklen Wegen
moosbewachsen
schauend
– schau, uns schaut die Welt, die Welt der Bäume –.

A ritmo de robles
se hacen preguntas.
Me oculto de faunos ninfas infancias
que vuelven una y otra vez a buscarme
con sus flautas, sus risas seductoras.

Me escondo en el volcán.
Suspiro palabras que no logran desprenderse de mi aire
*   interior*
palabras que tendrías que descifrar
como piel insospechada
que repentina se convierte en gemido.

Te señalo la cima.
Con flores hago hogueras perfumadas
señales de humo
para que vengás
toqués
encontrés
rosado
rozado
corazón.

Im Rhythmus der Roteichen
stellen sich Fragen.
Ich verberge mich vor Frauen und Nymphen der Kindheit,
die mich suchen wieder und wieder
mit Flöten und verführerischem Lachen.

Ich verstecke mich im Vulkan
seufze Worte, die sich nicht lösen von meinem inneren Atem
Worte, die du entziffern müßtest
wie unerwartete Häute
plötzlich in Wimmern verwandelt.

Ich zeige dir den Gipfel.
Aus Blumen bereite ich duftende Feuer
Rauchsignale
damit du kommst
findest
berührst
blasses
beladenes
Herz.

Traumgewebe

Mehr nahm ich nicht wahr vom Tag,
als daß du nicht da warst,
nirgendwo bist du, und bedrängst meine Schritte, und meine
Atemzüge einer einsamen Frau.

Tage gibt es, denke ich, die zum Sterben
gemacht sind oder zum Weinen, voller Echos
und Einbildungen, Tage,
die mich erschrecken.
Mir ist dann, als ob die Vergangenheit ihre Tür aufmachte
und heute gestern sein wird,
und es sind deine Hände, deine Augen, dein Zusammensein
     mit mir,
all das, was vor kurzem noch so greifbar war,
gerade noch
ein Gewebe aus Träumen.

Meine Liebe

ist wie ein Fluß mit viel Wasser,
ergießt sich in meinen Geliebten.
Meine Liebe schlägt Laute und Trommel
in den Bergen meines Landes,
feuert Küsse mit dem Maschinengewehr,
sie ist eine Liebe im Krieg,
mit Adios und Auf Wiedersehn,
eine Liebe mit Rauchsignalen
aus der Ferne,
eine Liebe im Rucksack verpackt,
heimlich durch Städte
und Täler zu gehen.
Sie ist eine Liebe, Siege zu besingen,
Wunden zu beklagen,
aus Niederlagen zu lernen.
Meine Liebe ist ganz zufrieden,
obwohl sie mich manchmal zum Weinen bringt,
sie ist groß wie die Hoffnung
und der Mut meines Volkes.
Sie hat den Geruch eines Hofes,
riecht nach feuchter Erde und Feld.
Meine Liebe ist wild,
brennend wie die Freiheit,
kennt keine Zeit,
sie brennt mich von innen,
zügellos und aufsässig.
Sie hat mich mit Licht erfüllt,
und ich trage sie wie ein Gewehr geschultert,
weine und lache für sie,
für diese herrliche Liebe,
klar,
wie seine Augen.

Problemas de la transicion

Quizás pensamos que ya nunca estaríamos solos.
Imaginar paraísos es más fácil que construirlos
— también menos hermoso —
pero henos aquí
contabilizando noches de soledad,
caricias que nadie recibió
besos que sólo soñamos;
inmersos en el amor colectivo
pero solos de piel,
cambiando de piel,
sufriendo la muda en silencio
y meditando estas nuevas luchas
que no imaginamos,
esta Revolución interna,
esta Insurrección solitaria de C. M. R.
contra el desamor de flores marchitas,
y la construcción
no sólo de nuevas relaciones de producción
sino de nuevas relaciones de amor.

Sobre esto no hay casi nada escrito.
Es uno buscando la luz,
equivocándose y volviendo a probar.

Amo a un hombre.
Sé que él me ama,
pero grandes soledades y distancias
que mi mano no alcanza
nos separan
y así sigo viviendo,
vivo estos días irrepetibles,
este tiempo lineal
que conduce al lugar de donde nadie regresa,
realizando mi acumulación originaria,
acumulando cosas que quisiera decirle,
risas que quisiera reírle,

Übergangsprobleme

Vielleicht dachten wir, wir wären nun nie mehr allein.
Paradiese zu träumen ist leichter, als sie zu erbauen
– auch nicht so schön –.
Nun sitzen wir hier
und zählen unsere einsamen Nächte,
Zärtlichkeiten, die keiner empfing,
Küsse, die wir nur träumten,
ganz in Anspruch genommen von dieser kollektiven
        Liebe,
uns häutend
ohne Hautkontakt,
ein Prozeß, den wir schweigend erleiden.
Sie geben uns zu denken, diese neuen Kämpfe,
mit denen wir nicht rechneten,
diese innere Revolution
gegen die Lieblosigkeit welkender Blumen
und die Errichtung
nicht nur neuer Produktionsverhältnisse,
sondern auch neuer Liebesverhältnisse.

Über dieses Thema wird nie geschrieben.
Man sucht sich ganz allein seinen Weg
und irrt sich und beginnt von neuem.

Ich liebe einen Mann.
Und weiß, daß er mich liebt.
Doch große Einsamkeiten und Entfernungen,
die meine Hand nicht erreicht,
trennen uns,
und so lebe ich weiter,
lebe diese unwiederholbaren Tage,
diese gradlinige Zeit,
die zum Ort führt, von dem niemand zurückkehrt,
sammle ureigenen Vorrat,
häufe Dinge, die ich ihm sagen will,
Lachen, das ich ihm lachen möchte,

apretando una nube que se escapa
un vaho volcánico en el magma de mi carne,
odiando la soledad
igual que Adán cuando vagaba solo y ansioso
por el paraíso terrenal.

halte eine Wolke, die verweht,
vulkanische Dämpfe im Magma meines Fleisches,
und hasse die Einsamkeit
wie Adam, als er sehnsüchtig und allein umherirrte
im irdischen Paradies.

Nicaragua agua fuego

Lluvia
Ventana trae agua sobre hojas
viento pasa arrastrando faldas
lodos llivan troncos
árboles pintan estrellas charcos de sangre
fronteras de un día que hay que pelear
sin remedio sin más alternativa que la lucha
Detrás de cortina mojada
escribo dedos sobre gatillos
guerras grandes
dolores tamaño ojos de madres
goteando aguaceros incontenibles
vienen los cuerpecitos helados muertos
bajan de la montaña los muchachos
con sus hamacas recuperadas de la contra
comemos poco hay poco queremos comer todos
manos grandes blancas quieren matarnos
pero hicimos hospitales camas
donde mujeres gritan nacimientos
todo el día pasamos palpitando
tum tum tam tam
venas de indios repiten historia:
No queremos hijos que sean esclavos
flores salen de ataúdes
nadie muere en Nicaragua
Nicaragua mi amor mi muchachita violada
levantándose componiéndose la falda
caminando detrás del asesino siguiéndolo
montaña abajo montaña arriba
no pasarán dicen los pajaritos
no pasarán dicen los amantes que hacen el amor
que hacen hijos que hacen pan que hacen trincheras
que hacen uniformes que hacen cartas para los movilizados
Nicaragua mi amor mi negra miskita suma rama
palo de mayo en la Laguna de Perlas
vientos huracanados bajando San Juan abajo

Nicaragua Wasser Feuer

Regen
tropft Wasser auf Blätter
Wind wirbelt Röcke
Schlamm trägt Stämme
Bäume malen Sternen Blutlachen
es geht um Eintagegrenzen
und es gibt keine andere Wahl als den Kampf
hinter Regenvorhang
schreibe ich Finger auf Abzughähne
große Kriege
Schmerzen unendlich wie Mutteraugen
unaufhaltsame Regen triefend
kommen die todkalten Kinderkörper
steigen herab von den Bergen die Kämpfer
mit ein paar Matten zurückerobert vom Gegner
wir essen wenig, es gibt wenig, wir müssen alle essen
große weiße Hände wollen uns töten
doch wir bauten Krankenhäuser Betten
in denen Frauen Geburten schreien
Herzen hämmern den ganzen Tag
tum tum tam tam
Indiovenen wiederholen Geschichte:
Unsere Kinder sollen keine Sklaven sein
Blumen brechen aus Särgen
niemand stirbt in Nicaragua
Nicaragua meine Geliebte meine vergewaltigte Braut
steht auf und richtet den Rock
läuft dem Mörder nach verfolgt ihn
Berge hinauf und Berge hinab
sie kommen nicht durch zwitschern die Vögel
sie kommen nicht durch sagen die Liebespaare die sich lieben
die Kinder machen Brot machen Gräben machen
Uniformen machen Einberufungsbriefe schreiben
Nicaragua meine Geliebte meine schwarze Miskita Suma
    Rama Braut
Maienbaum in der Perlenlagune

no pasarán y llueve sobre los sombreritos
que andan husmeando el rastro de las bestias
y no les dan descanso los persiguen los sacan
del pecho de la patria los arrancan sacan la hierba
> *mala*
no la dejan que pegue
queremos maíz arroz frijoles
que peguen las semillas en las tierras donde
campesino guarda en caja de madera título de Reforma
> *Agraria*
no pasen los diablos anunciando la buena nueva del
> *perdón*
a los que vieron ranchos arder
y vecino asesinado frente a su mujer y sus hijos
Nicaragua mi muchachita
baila sabe leer platica con la gente
le cuenta su cuento sale en aviones a contar su cuento
anda por todo el mundo con su cuento a tuto
habla hasta por los codos en periódicos de idiomas
> *incomprensibles*
grita se pone brava furiosa
parece mentira cuánta bulla mete y cómo resiste
aviones minas pirañas bombas maldiciones en
> *inglés*
discursos sobre cómo bajar la cabeza
y no se deja se suelta pega carreras
y allá va el General y la colina los cohetes reactivos
las columnas verdes avanzando despalando
haciendo ingenios de azúcar
ríos de leche casas escuelas
chavalos contando su historia
renqueando salidos del hospital
agarrando bus para volver al norte
viento que se sacude el miedo
nacimos para esto
reímos por esto
entre dientes andamos la rabia y la esperanza
no nos dejan no los dejamos ni a sol ni a sombra
país chiquito pero cumplidor

Sturmwind im Flußtal des San Juan
sie kommen nicht durch und es regnet auf die runden Hüte
sie verfolgen die Spur der Bestie
lassen ihr keine Ruhe stellen sie
reißen sie aus der Brust des Vaterlandes
rotten das Unkraut aus
lassen nicht zu daß es Wurzeln schlägt
denn wir wollen Mais Reis Bohnen
wollen die Samen wachsen sehen auf dem Land wo
Bauern in hölzernen Kästen Besitzurkunden der Landreform
     hüten
sie kommen nicht durch die Teufel mit ihrer frohen Botschaft
     der Amnestie
für alle die Ranchos brennen sahen
und Nachbarn ermordet vor Frau und Kindern
Nicaragua mein Mädchen
tanzt kann lesen spricht mit den Leuten
erzählt seine Geschichte reist in Flugzeugen und erzählt seine
     Geschichte
reist durch die ganze Welt mit seiner Geschichte
redet zungenfertig in Zeitungen unverständlicher Sprache
schreit ereifert sich diskutiert
wer hätte gedacht wie es sich Gehör verschafft was es aushält
Flugzeuge Minen Piranhas und Bomben Verwünschungen auf
     englisch
Reden über demütiges Köpfesenken
und es will nicht reißt sich los rennt
und voran der General und der Hügel und die reaktiven Raketen
die grünen Kolonnen im Vormarsch roden
bauen Zuckermühlen Häuser Schulen
kleine Jungen erzählen ihre Geschichte
kommen humpelnd aus Hospitälern
nehmen Busse und kehren zurück an die Nordfront
schütteln die Angst ab wie Wind
dafür wurden wir geboren
dafür lachen wir
zwischen den Zähnen Hoffnung und Zorn
sie lassen uns nicht wir lassen sie nicht weder bei Tag noch bei
     Nacht

Nicaragua lanza lanzada atrevida chúcara yegua
potreros de Chontales donde Nadine
sueña caballos percherones
y soñamos en surtidor
tenemos una fábrica de sueños
sueños en serie para los descreídos
aquí nadie sale sin su arañazo en la conciencia
nadie pasa sin que le pase nada
país de locos iluminados poetas pintores
chorros de luces escuelas de danza
conferencias internacionales salones de protocolo
policías escolares regañando dulcemente
carne y hueso de gente que acierta y se equivoca
que prueba y vuelve a probar
aquí todo se mueve caderas de mujer bailando
sonando ganas de vivir ante momias
hablando de la muerte queriendo ganar su pasaje de
      regreso
en hojas impresas que salen por la tarde con sus mentiras
y sus rabias de histérica frustrada
envidia de la muchacha que se contonea, se chiquea,
cierra el ojo vende tamales vende pinturas
hace milicias va al parque inventa el amor
enciende los malinches se esconde para desconcertar
sale andando en medio de bayonetas caladas
hace circo y ferias y reza
y cree en la vida y en la muerte
y alista espadas de fuego
para que a nadie le quede más decisión
que paraíso terrenal
o cenizas
patria libre
o morir.

ein Land klein aber tapfer
Nicaragua schleudert verwegene Lanzen
Viehweiden in Chontales wo Nadine
von Ackergäulen träumt
wir alle träumen wie ein Wasserfall
wir haben eine Traumfabrik
mit Serienträumen für die Zögernden
hier kommt keiner davon ohne Kratzer am Gewissen
niemand bleibt ungeschoren
Land der Verrückten Erleuchteten Poeten Maler
strahlende Lichter Ballettschulen
internationale Konferenzen Sitzungssäle
sanft schimpfende Schülerpolizisten
Fleisch und Blut von Menschen die handeln und sich irren
und es noch einmal versuchen
hier ist alles in Bewegung schwingen Hüften tanzender Frauen
zur Musik der Lebenslust im Angesicht von Mumien
die vom Tod sprechen als wären sie auf eine Rückfahrkarte ins
        Leben abonniert
und auf gedruckten Blättern den Abend mit Lügen füllen
wie frustrierte Jungfern
voller Neid auf das Mädchen das sich wiegt und wirbelt
und ein Auge riskiert und Tamales und Gemälde verkauft
und zur Miliz geht und im Park spaziert und die Liebe erfindet
und die Malinchen erblühen läßt und sich versteckt um
        Verwirrung zu stiften
und einherschreitet zwischen gesenkten Bajonetten
und zaubert und feiert und betet
und an den Tod und das Leben glaubt
und Feuerschwerter schwingt
damit keinem eine Wahl bleibe
als das Paradies auf Erden
oder Asche
freies Vaterland
oder Tod.

Angriff auf meine linke Schulter

Gehn über mein Antlitz deine Hände,
hältst es, läßt es.
Greifst meine linke Schulter an,
belagerst sie, vom Hals her,
bestürmst sie mit Pfeilen von deinen Lippen.
Greifst meine linke Schulter an
heftig und süß mit deinen Bissen.
Uns beschäftigt die Liebe
auf ihre kreisende Art,
vertreibt uns die Zeit zwischen Kuß und Kuß,
und wir sind zwei Rauchkringel,
schwimmen im Raum,
rascheln, wispern,
oder bleiben ganz sanft und schweigsam,
wollen die geheimnisvollen Poren ergründen,
sie durchstoßen mit gierigem Angriff,
die Haut wegziehen,
unsern Augen begegnen,
uns aus dem Innern des Bluts betrachten.
Wir reden in Hieroglyphen;
um mich zu entziffern brauchst du nicht mehr
als deine zarten, langsamen Hände,
entwirrst mich leicht,
streichst mich glatt wie ein frischgebügeltes Laken,
und dann gebe ich dir mein Universum,
alle die Meteoriten und Monde,
die schon um meine Träume geschwebt waren,
meine Finger, sehnsüchtig danach, die Sterne zu berühren,
die Sonnen in meinem Körper.
Von meinen Knöcheln aus fängt ein kleines Lächeln an
        hochzusteigen,
macht sich ans Lachen in meinen Knieen,
steigt weiter und rieselt durch meine Baumrinde,
erfüllt mich mit springenden Knospen durchsichtiger Freude.
Geht aus meinen Lungen die Luft
und wohnt heiter im Nachtwind, und du

greifst wieder meine linke Schulter an,
heftig,
und süß
mit deinen Bissen.

Und es schließen sich die Fenster der Villen

Die Händler kamen zum Tempel am Sonntag,
klopften an ihre Brust,
füllten mit Luft ihre Lungen
und verkündeten im Chor ihr Elend:
den angeblichen Verlust
ihrer uneinnehmbaren Güter.

Sie wurden umringt von denen,
die früher ihre Häuser umstrichen,
den Besitzlosen,
den Hungerleidern,
die das Land gewannen,
weil sie Blut und Tränen säten Jahrhundert um Jahrhundert
und jetzt ihre Fahne der Hoffnung schwingen
gegen die schlaflosen Verschwörer.

Sie umringten sie mit warnenden Mauern,
mit ihrem Hunger bauten sie Barrikaden,
ihre zerlumpten Kleider
sahen sie an und maßen die Kräfte.

Da gingen die Händler fort im Morgengrauen ...
        Wir hören noch das Echo ihrer Schritte,
        und es schließen sich
        die Fenster ihrer postumen Villen.

Relativitätsgeheimnis

Manchmal erwache ich
und denke, das Geheimnis des Traums
wohnt hinter der angelehnten Tür
Seite an Seite mit der Unordnung des Zimmers
in dem der Morgen vergeht.
Ich bewege mich langsam vor den reglosen Möbeln
und warte auf die seltsamen Frauen mit den wechselnden
     Gesichtern
das Geräusch ihrer schleppenden Kleider
die langen Schatten der Männer in den spiegelnden Scheiben.
Fast höre ich die gelehrten Gespräche rings um den Tisch
spüre den fahlen Schein der Kerzen.
Ich zwinge mich zur Arbeit
verweigere die Wahrnehmung des anderen Universums das
     mich streift.
Wenn ich nur ein wenig die Tür öffne
läßt mich der Geruch der Fasane
die Angst vor der unmöglichen Realität der relativen Räume
sie heftig wieder schließen
mit der Panik des Wissenschaftlers vor einem schwarzen Loch.
Da ziehe ich es vor in den Lärm der Frühstückstelle zu fliehen
und vorsichtig die großen Zimmer
zu versiegeln
in denen andere Zeiten
foppend
verstreichen.

Despedida en tiempo de guerra

Me llenaste de fiesta las entrañas.
Me inventaste un poema cada día.
Me tejiste mariposas en el pelo.
Te incrustaste en mi piel
– doloroso cuchillo de amor que se despide –
y ahora se me mojan los ojos de pensarte
y siento rebalsar de agua mis venas
y mi sangre buscarte.

Te quedarás conmigo,
amante, compañero, hermano.
Conmigo para calentar mis soledades
y las duras jornadas de esta guerra.
Te quedarás impactado en mis huesos
como bala certera que conoce la ruta
hacia mi centro.

Yo te llevaré en mis vestidos,
en mis pantalones de trabajo,
en la chaqueta azul.
En la cobija;
te llevaré como amuleto
como piedra encantada contra los maleficios.
Te llevaré como llevo estas lágrimas retenidas,
ahora que no hay tiempo,
ni espacio,
para llorar.

Abschied in Kriegszeiten

Du fülltest meinen Leib mit Freude.
Du erfandest mir jeden Tag ein Gedicht.
Du flochtest mir Schmetterlinge ins Haar.
Du prägtest dich in meine Haut
– schmerzende Wunde einer Liebe die geht –,
und jetzt denke ich dich mit nassen Augen,
und meine Venen fließen über,
und mein Blut sucht dich.

Du bleibst bei mir,
Geliebter, Bruder, Kamerad.
Bei mir und wärmst meine Einsamkeit
und die harten Tage des Krieges.
Du steckst in meinen Knochen
wie eine sichere Kugel, die den Weg
in mein Inneres kennt.

Ich trage dich in meinen Kleidern,
in meiner Arbeitshose,
in der blauen Jacke,
im Schlafsack.
Ich trage dich wie ein Amulett,
wie Zauberstein gegen bösen Blick.
Ich halte dich wie meine ungeweinten Tränen,
jetzt, da nicht Zeit ist
noch Raum
zu weinen.

Los portadores de sueños

En todas las profecías
está escrita la destrucción del mundo.

Todas las profecías cuentan
que el hombre creará su propia destrucción.

Pero los siglos y la vida que siempre se renueva
engendraron también una generación de amadores y
  soñadores;
hombres y mujeres que no soñaron con la destrucción del
  mundo,
sino con la construcción del mundo de las mariposas
y los ruiseñores.

Desde pequeños venían marcados por el amor.
Detrás de su apariencia cotidiana
guardaban la ternura y el sol de medianoche.
Sus madres los encontraban llorando por un pájaro muerto
y más tarde también los encontraron a muchos
muertos como pájaros.

Estos seres cohabitaron con mujeres traslúcidas
y las dejaron preñadas de miel y de hijos reverdecidos
por un invierno de caricias.

Así fue como proliferaron en el mundo los portadores de
  sueños,
atacados ferozmente por los portadores de profecías
  habladoras
de catástrofes.
Los llamaron ilusos, románticos, pensadores de utopías,
dijeron que sus palabras eran viejas
– y, en efecto, lo eran porque la memoria del paraíso es
  antigua
en el corazón del hombre –
los acumuladores de riquezas les temían

Die Träger der Träume

In allen Prophetien
steht die Zerstörung der Welt geschrieben.

Alle Prophetien erzählen,
daß der Mensch seinen eigenen Untergang erfinden wird.

Doch die Jahrhunderte und das sich stets erneuernde Leben
haben auch ein Geschlecht der Liebenden und Träumer
      gezeugt;
Männer und Frauen, die nicht von der Zerstörung der Welt
      träumten,
sondern vom Aufbau einer Welt der Schmetterlinge
und Nachtigallen.

Von klein auf waren sie von der Liebe gezeichnet.
Hinter ihrer alltäglichen Erscheinung
bewahrten sie die Zärtlichkeit und Mitternachtssonne.
Ihre Mütter fanden sie, wie sie über einen toten Vogel weinten,
und später fanden sie dann auch viele von ihnen getötet wie
      Vögel.

Diese Wesen haben sich mit durchscheinenden Frauen
      gepaart,
schwängerten sie mit Honig und Kindern,
nach einem Winter der Zärtlichkeiten die grünen Triebe.

So haben sich auf der Welt die Träger der Träume vermehrt,
wild angefeindet von den Trägern geschwätziger Prophetien
des Untergangs.
Getäuschte, Romantiker, utopische Denker wurden sie
      genannt
es hieß, ihre Worte seien alt
– und das waren sie, in der Tat, denn die Erinnerung an das
      Paradies ist alt
im Herzen des Menschen –
Jene, die Reichtümer anhäuften, fürchteten sie

y lanzaban sus ejércitos contra ellos,
pero los portadores de sueños todas las noches hacían el
    amor
y seguía brotando su semilla del vientre de ellas
que no sólo portaban sueños sino que los multiplicaban
y los hacían correr y hablar.

De esta forma el mundo engendró de nuevo su vida
como también había engendrado a los que inventaron la
    manera
de apagar el sol.

Los portadores de sueños sobrevivieron a los climas gélidos
pero en los climas cálidos casi parecían brotar por
    generación espontánea.
Quizá las palmeras, los cielos azules, las lluvias torrenciales
tuvieron algo que ver con esto,
la verdad es que como laboriosas hormiguitas
estos especímenes no dejaban de soñar y de construir
    hermosos mundos,
mundos de hermanos, de hombres y mujeres que se
    llamaban compañeros,
que se enseñaban unos a otros a leer, se consolaban en las
    muertes,
se curaban y cuidaban entre ellos, se querían, se ayudaban
    en el
arte de querer y en la defensa de la felicidad.

Eran felices en su mundo de azúcar y viento
y de todas partes venían a impregnarse de su aliento
y de sus claras miradas
y hacia todas partes salían los que los habían conocido
portando sueños
soñando con profecías nuevas
que hablaban de tiempos de mariposas y ruiseñores
en que el mundo no tendría que terminar en la hecatombe
y, por el contrario, los científicos diseñarían
fuentes, jardines, juguetes sorprendentes
para hacer más gozosa la felicidad del hombre.

und schickten ihre Heere gegen sie,
doch die Traumträger liebten sich jede Nacht
und weiter sproß der Samen aus dem Leib derer,
die nicht nur Träume austrugen, sondern sie vermehrten
und sie laufen und sprechen lehrten.

Auf diese Weise hat die Welt ihr Leben neu gezeugt,
wie sie auch jene gezeugt hatte, die entdeckten,
wie die Sonne zu löschen ist.

Die Träger der Träume überlebten eisige Zeiten,
in warmen Zonen jedoch schienen sie wie von selbst zu
     sprießen.
Vielleicht hatten die Palmen, die blauen Himmel, die
     Regenstürze
etwas damit zu tun,
wahr ist, daß, wie fleißige Ameisen,
diese Gattung nicht aufhörte zu träumen und schöne Welten
     zu bauen,
Welten von Brüdern, von Männern und Frauen, die sich
     Genossen nannten,
die einander lesen lehrten, angesichts des Todes sich trösteten,
einander heilten und umsorgten, sich liebten, sich halfen bei
der Kunst des Liebens und der Verteidigung des Glücks.

Sie lebten glücklich in ihrem Land aus Zucker und Wind,
und andere kamen von allerorten, sich mit ihrem Atem zu
     füllen
und ihren klaren Blicken
und in alle Welt gingen jene, die sie kennengelernt hatten
und trugen Träume hinaus,
träumten von neuen Prophetien,
die sprachen von Zeiten der Schmetterlinge und Nachtigallen
in denen die Welt nicht als Hekatombe unterzugehen hätte,
wo, im Gegenteil, Wissenschaftler
Brunnen, Gärten, erstaunliche Spielzeuge erfänden,
um des Menschen Glück noch seliger zu machen.

Son peligrosos – imprimían las grandes rotativas
Son peligrosos – decían los presidentes en sus discursos
Son peligrosos – murmuraban los artífices de la guerra

Hay que destruirlos – imprimían las grandes rotativas
Hay que destruirlos – decían los presidentes en sus discursos
Hay que destruirlos – murmuraban los artífices de la guerra.

Los portadores de sueños conocían su poder
y por eso no se extrañaban.
Y también sabían que la vida los había engendrado
para protegerse de la muerte que anuncian las
        profecías.
Y por eso defendían su vida aun con la muerte.
Y por eso cultivaban jardines de sueños
y los exportaban con grandes lazos de colores
y los profetas de la oscuridad se pasaban noches y días
        enteros
vigilando los pasajes y los caminos
buscando estos peligrosos cargamentos
que nunca lograban atrapar
porque el que no tiene ojos para soñar
no ve los sueños ni de día, ni de noche.

Y en el mundo se ha desatado un gran tráfico de sueños
que no pueden detener los traficantes de la muerte;
y por doquier hay paquetes con grandes lazos
que sólo esta nueva raza de hombres puede ver
y la semilla de estos sueños no se puede detectar
porque va envuelta en rojos corazones
o en amplios vestidos de maternidad
donde piesecitos soñadores alborotan los vientres que los
        cargan.

Dicen que la tierra después de parirlos
desencadenó un cielo de arcoiris
y sopló de fecundidad las raíces de los árbles.

Sie sind gefährlich – druckten die großen Pressen
Sie sind gefährlich – sagten die Präsidenten in ihren Reden
Sie sind gefährlich – murmelten die Künstler des Krieges

Man muß sie zerstören – druckten die großen Pressen
Man muß sie zerstören – sagten die Präsidenten in ihren Reden
Man muß sie zerstören – murmelten die Künstler des Krieges.

Die Traumträger kannten deren Macht
und wunderten sich also nicht
Und sie wußten auch, das Leben hatte sie gezeugt,
um sich vor dem Tod zu schützen, den die Prophetien
        voraussagten.
Und deshalb verteidigten sie ihr Leben sogar mit dem Tod.
Und deshalb legten sie Traumgärten an
und exportierten sie mit großen bunten Schleifen,
und die Propheten der Dunkelheit verbrachten ganze Nächte
        und Tage damit,
Pässe und Wege zu bewachen,
auf der Suche nach diesen gefährlichen Transporten,
die sie nie erwischen konnten,
denn wer keine Augen zum Träumen hat,
sieht Träume weder bei Tag noch bei Nacht.

Und in der Welt hat sich ein großer Austausch von Träumen
        entwickelt,
den die Händler des Todes nicht stoppen können;
und überall sind die Pakete mit den großen Schleifen,
gesehen nur von diesem neuen Menschengeschlecht,
und der Samen dieser Träume ist nicht nachweisbar,
denn er ist in rote Herzen gehüllt
oder in weite Umstandskleider,
unter denen träumerische Füßchen die Bäuche beleben, die sie
        tragen.

Es heißt, die Erde habe, nachdem sie sie gebar,
einen Regenbogenhimmel entfesselt
und Fruchtbarkeit in die Wurzeln der Bäume gehaucht.

Nosotros sólo sabemos que los hemos visto.
Sabemos que la vida los engendró
para protegerse de la muerte que anuncian las
profecías.

Wir allein wissen, wir haben sie gesehen
Wissen, das Leben hat sie gezeugt,
um sich vor dem Tod zu schützen, den die Prophetien
    verkünden.

Alle zusammen

In diesen Tagen da ich auf dich warte
fahre ich morgens los, trete in die Fahrradpedale.
An der Straße hinter meinem Haus entsteht ein Wohnviertel,
rückt seine Holzbalken zu unregelmäßigen Mauern zurecht.
Die Menschen, wenn ich vorbeifahre, frühmorgens,
holen Wasser aus einem Rohr, alle zusammen.
Sie sehen mich vorbeifahren und ich schaue sie an.
Die Burschen rufen, ich soll sie mitnehmen.
Dann fahre ich an einer Schreinerei vorbei, da stehen grüne
        Schulpulte
vor der Werkstatt aufgetürmt.
Weiter unten ist eine Kirche und ein umzäunter Park (ich frag
        mich warum).
Meine Beine werden müde, und ich kehre zurück,
nehm den Weg an der Turnhalle vorbei.
Der Mond versteckt sich hinter den Palmen
und taucht jeden Abend über dem Garten wieder auf.

Vor drei Tagen ist ein Flugzeug abgestürzt
Gestorben sind die Kleine von Doris, Hans, Marcos' Frau und
        ihr Töchterchen.
Ich trete in die Pedale und frage mich
und denke, während ich Fahrrad fahre,
wenn meine Zeit stillsteht, jetzt wo du nicht da bist,
was fühlen sie, die zurückgeblieben sind,
für immer losgerissen von der Zeit der Geliebten
– was Doris, schweigend mit ihrer dunklen Brille.
Eine Frau so ruhig und kraftvoll wie eine Roteiche,
doch mit einem Herz wie die Eichenblüte,
sie löst sich vom Zweig,
die Menschen auf dem Gehsteig zu begleiten.
Doris, die von Carlos träumt, der seine Tochter im Reich der
        Träume empfängt.
Carlos, Ricardo, Doris Maria sprechen über Doris,
umarmen sie im Wind des Sommers.
Doris Maria, wir lieben dich Gefährtin.

Doris Maria, du bist wie die Erde,
wie die in Bronze gegossene Glocke
die sanft im Morgengrauen klingt
Weine Doris. Hab keine Angst, in Tränen zu vergehen.
Du gehst nicht. Wir sind hier, dich zu schützen –

So schweigsam, daß wir manchmal an ihr
die Sünde des Vergessens begehen,
wir wachsen heran, uns der Menschen zu erinnern
nur in Augenblicken der Trauer,
als bräuchte das tägliche Leben
nicht auch Gesellschaft
und der alltägliche Mut Aufmunterung.
In Sachen Lieblosigkeit müßten wir Selbstkritik üben.
»Revolution ist eine Frage der Liebe.«

Ich weine hinter meiner dunklen Brille,
wortlos schaue ich die an, die jeden Morgen
Wasser holen, alle zusammen.

Anoche

Anoche tan solo
parecías un combatiente desnudo
saltando sobre arrecifes de sombras
Yo desde mi puesto de observación
en la llanura
te veía esgrimir tus armas
y violento hundirte en mí
Abría los ojos
y todavía estabas como herrero
martillando el yunque de la chispa
hasta que mi sexo explotó como granada
y nos morimos los dos entre charneles de luna.

Gestern nacht

Gestern nacht erst
warst du wie ein nackter Kämpfer
der über dunkle Felsen sprang.
Ich, auf meinem Beobachtungsposten
in der Ebene
sah dich deine Waffen schwingen
und heftig in mich dringen.
Ich öffnete die Augen
und noch immer warst du ein Schmied
der den Funkenamboß schlug
bis mein Geschlecht explodierte wie eine Granate
und wir beide starben im Mondsplitterhagel.

Anmerkungen für die Zeit des Alterns

Wenn du die Wahrheit wissen willst:
Ich möchte nie alt werden
und noch viel weniger sterben.
Es fällt mir schwer das Leben zu begreifen ohne Schönheit
mir vorzustellen wie mein Körper
nachgibt dem Newtonschen Gesetz,
zerfällt
sich welk seinem Ende neigt
und ich dies ertrage.
Ich denke an die Worte der weisen Frauen,
der Alten.
Sie sagen, das Leben öffne sich wie eine Allee
wenn endlich die Erfahrung die Mitte erreicht
und die Harmonie des Konzerts der gelebten Dinge
aufklingt
in der Dämmerung.
Doch ihre Worte überzeugen mich nicht.
Ich klammere mich an die Kurven meines Körpers
an die hellen Reflexe meines Fleisches
und erschrecke
über die ersten Zeichen der Zeit auf meinem Gesicht.
Noch kann ich sie verbergen.
Noch sind es keine unheilbaren Risse.
Doch das Schreiten der Tage bedroht mich.
Ich sage mir, ich werde mit einer anderen Schönheit lächeln
ich werde eine Großmutter mit Zöpfen sein
und vielen Märchen und Gedichten und Kuchen.
Doch ich täusche mich nicht:
Ich find's absolut nicht lustig.
Aber nicht ich
noch mein Wunsch
können die unerbittliche Richtung der Uhren verändern
oder mit Tränen der Erde verwehren
gehorsam um ihre Achse zu kreisen.
Ich sterbe wie alle.
Ich brauche mich auf mit meinen Erinnerungen

ich biete dieser Angst die Stirn
und erfinde gefällige Posen
wenn mein Gerüst verrostet und nachgibt
wenn ich mich stützen muß, eine Brille benutzen,
langsam gehen, den Blutdruck überwachen, das Herz
    stärken ...
Gewiß ist meine Stunde noch nicht gekommen
doch meine Geburtstage helfen mir nicht
meine jungen Töchter haben schon Frauenkörper
mein Sohn wächst ohne Erbarmen
und ich spüre zum ersten Mal den Drang
ein Gedicht zu schreiben wie dieses.

Monimbó

Anders als unter Tränen
kann ich dies Gedicht nicht schreiben,
nur erahnen die Worte,
hilflos im großen Schmerz,
     Summe so vieler Leiden,
     Chor so vieler Schreie,
     Staub der Straßen.

So, verloren,
seh ich das Kind an der Straßenecke,
niedergekniet vor einem hölzernen Kreuz,
das Gesicht in ein weißes Tuch geborgen,
gewaltig in seiner Trauer, Waise.

     Sein Vater ist tot:
          600 Mann,
          2 Panzer, 3 Panzerwagen,
          5 Maschinengewehre Kaliber 50,
          Hubschrauber und bewaffnete Flugzeuge.

     Und sein Vater:
          vielleicht eine Pistole,
          eine Handbombe,
          eine angespitzte Gitterstange.

Die rohe Gewalt gegen den Mut.
Gewalt der Barbaren, Impotenten, der Kastrierten,
die nur mit dem Finger am Abzug Mann sein können.
Nimm ihnen den Panzer, das Gewehr weg,
und sieh, wie ihnen der Sack fehlt,
wie sie nie einen gehabt haben,
leer sind sie,
     stich sie an und sieh, wie die Luft rausgeht,
     sie sind aufgeblasen mit dreckigem, faulem Gestank.

Dort ermordeten sie auch Camilo, Arnoldo, Moisés,
die zusammen mit dem Volk kämpften,
und nicht davon redeten, für das Vaterland zu sterben,
weil, wie Leonel Rugama schrieb, »die Kämpfer nicht davon
    reden,
für das Vaterland zu sterben, sondern sterben«.

Die Trommler von Monimbó schlagen zum Schlag des
    Herzens,
Masken verbergen Tränen und Wut,
denn das kennen Bestien nicht:
die scharfe Kraft der Qual,
das Salz in den brennenden Wunden,
all das, was im Leiden wächst,
weil die Furcht immer mehr an Bedeutung verliert,
bis sie sich in Verachtung und Kühnheit verwandelt.

    und holten die Toten und die Verwundeten und
verbrannten sie gemeinsam ohne Unterschied,
    und einem Kind hackten sie die Hände ab, weil
es nicht sagen wollte, wo sein Vater war,
    einem Jungen von 12 Jahren schnitten sie die
Zunge heraus, denn er rief: Viva Sandino!

Und Sally Shelton vom Außenministerium der USA sagt, daß
    es soviele Tote nicht waren,
um von einer Verletzung der Menschenrechte in Nicaragua
    sprechen zu können.

Und da fragt das Volk: wieviele Tote sind nötig für eine
    Verletzung der Menschenrechte?
Wieviele Leichen müssen wir ansammeln?

Die Wahrheit ist, daß uns nichts angeht, was von solchen
    Menschen gesagt wird,
es hat uns Leben gekostet, ihre Sprache verstehen zu lernen.

Ganz Monimbó ist eingeebnet.

Eine Empfindung, wie wenn sie es leergemacht hätten,
oder, wie groß die Trauer ist,
und wir wie klein, sie zu ertragen.

Die alte Frau mit ihren Tonkrügen ist ohnmächtig,
das Haus ohne Wände,
und ihre Freundin, hinter ihr, die sie hält,
braun und runzlig, weinend.

Es ist Nacht in Monimbó
»Die Guardia Nacional übt die vollständige Kontrolle über das
    ganze Gebiet aus«

doch plötzlich   Schüsse
                Trommeln von weit
                Blut erregt sich

Monimbó gibt nicht auf.

Und: wenn die in Monimbó es schaffen, warum die in Subtiava
    nicht?

Es wird weitergehn, das wissen alle,
        das wissen der Diktator und seine Komplizen
        seine Werbeagentur in New York
        seine bezahlten Schläger
        seine Häscher und Knebler
        das wissen alle Blutbefleckten

Weitergehen
Es ist ein ganzes Volk das weitergehen will,
das mit einem Mal weitergehen will
und Schluß machen.

Bekleidet mit Sprengstoff

Ich muß jetzt die Schminke kaufen gehen, hinter der ich mich jeden Tag verstecke, damit niemand merkt, wie klein meine Augen sind, wie Maus- oder Elefantenaugen. Seit einer Stunde gehe ich schon, aber mein warmes Zimmer hält mich zurück, die Einsamkeit, die mir diesmal behagt, und die Bücher, die ich wie Männer über mein Bett verstreut habe, mit denen ich schlafe, in einer Orgie aus Armen und Beinen, die mir den Verdruß am Leben austreiben und die Brustwarzen zerkratzen, das Geschlecht und mich vollpumpen mit ihrem Samen aus Buchstaben, die mich befruchten, und ich will nicht auf die Straße gehen mit traurigem Gesicht, während ich lieber aus vollem Herzen lachte, aus keinem anderen Grund als dem, mit Wörtern schwanger zu sein, gegen die Konsumgesellschaft, die mich liebt mit ihren Schaufenstern, worin lauter unerschwingliche Dinge liegen, die ich mit all meinen weiblichen Hormonen ablehne, wenn ich an die ausgelaugten und tristen Gesichter der Leute in der Stadt denke, wie sie heute morgen aufgestanden sind, wie sie immer aufstehn, und wie sie solange weiter aufstehn werden, bis wir uns endlich Dynamit überstreifen und in die Regierungsgebäude eindringen und in die Ministerien und in die Kasernen, ein Streichholz in der Hand.

Zauber gegen die Kälte

Gioconda Belli
Waslala
Roman
444 Seiten, gebunden

Gioconda Belli
Zauber gegen die Kälte
Erotische Gedichte
spanisch-deutsch
96 Seiten, broschiert

Gioconda Belli
Wenn du mich lieben willst
Gesammelte Gedichte
180 Seiten, broschiert

Gioconda Belli/Wolf Erlbruch
Die Werkstatt der Schmetterlinge
Ein Märchen
42 Seiten, gebunden

Fernando del Paso
Nachrichten aus dem Imperium
Roman
880 Seiten, gebunden

Ernesto Cardenal
Gesänge des Universums
508 Seiten, zwei broschierte Bände in Kassette

PETER HAMMER VERLAG

Angelika Schrobsdorff im dtv

»Die Schrobsdorff hat ihr Leben lang nur
wahre Sätze geschrieben.«
Johannes Mario Simmel

Die Reise nach Sofia
dtv 10539
Sofia und Paris – ein Bild
zweier Welten: Beobach-
tungen über Konsum und
Liebe, Freiheit und Glück
in Ost und West.

Die Herren
Roman
dtv 10894
Ein psychologisch-
erotischer Roman, dessen
Erstveröffentlichung 1961
als skandalös empfunden
wurde.

**Jerusalem war immer
eine schwere Adresse**
dtv 11442
Ein Bericht über den Auf-
stand der Palästinenser,
ein sehr persönliches,
menschliches Zeugnis für
Versöhnung und Toleranz.

Der Geliebte
Roman
dtv 11546

**Der schöne Mann und
andere Erzählungen**
dtv 11637

**Die kurze Stunde
zwischen Tag und Nacht**
Roman
dtv 11697
Jerusalem – Paris – Mün-
chen: das sind die Städte,
mit denen die Erzählerin
schicksalhaft verbunden
ist.

**»Du bist nicht so wie
andre Mütter«**
Die Geschichte einer
leidenschaftlichen Frau
dtv 11916
Aus Tausenden von
Puzzlesteinen setzt
Angelika Schrobsdorff das
Bild ihrer jüdischen Mutter
zusammen.

Spuren
Roman
dtv 11951
Ein Tag aus dem Leben
einer jungen Frau, die mit
ihrem achtjährigen Sohn
in München lebt.

Jericho
Eine Liebesgeschichte
dtv 12317

Fay Weldon im dtv

»Fay Weldon lesen ist wie Champagner trinken.«
The Times

Die Teufelin
Roman · dtv 11132 und
dtv großdruck 25065
Lange erträgt Ruth die
Eskapaden ihres Mannes.
Doch dann schlägt sie
zurück…

Herzenswünsche
Roman · dtv 12174
Liebe auf den ersten Blick–
mit dramatischen Folgen
für alle Beteiligten.

**Du wirst noch an mich
denken**
Roman · dtv 11225
Ein Mann und drei Frauen–
rasant und mörderisch
komisch.

Kleine Schwestern
Roman · dtv 11305
Liebe, Lügen, Sex und andere Ungeheuerlichkeiten.

Frau im Speck
Roman · dtv 11378
Eine erfrischende Abrechnung mit dem Schlankheitswahn.

Hier unten bei den Frauen
Roman · dtv 11515
Ein Haufen Freundinnen
und ihr turbulentes Leben.

Sterndame
Roman · dtv 11426
Sandra kommt zwar noch
mit ihrem Mann auf die
Party, aber sie verläßt dieselbe mit einem anderen…

**Kein Wunder, daß Harry
sündigte**
Roman · dtv 11560
Der Ehemann hat sich
samt Sekretärin nach
Spanien abgesetzt: Natalie
lernt das Leben von einer
anderen Seite kennen…

Die Klone der Joanna May
Roman · dtv 11671
Der Ex-Gatte hat Joanna
klonen lassen. Erschreckt
sucht sie ihre vier Kopien.

Trio in Twinsets
Roman · dtv 11904
Drei Frauen Anfang Vierzig – auf Gedeih und Verderb miteinander verbunden.

Darcys Utopia
Roman · dtv 12128
Ein Attentat auf das britische Finanzwesen: dahinter steckt eine junge
Frau…

Gioconda Belli im dtv

»Die große Poetin Nicaraguas, eine der wichtigsten
Stimmen in der Literatur Lateinamerikas.«
Abendzeitung

Bewohnte Frau
Roman · dtv 11345

Die junge attraktive Architektin Lavinia steht am Beginn
ihrer Karriere. Sie führt in der Hauptstadt ihrer lateinameri-
kanischen Heimat das unbeschwerte Leben einer unabhängi-
gen Frau aus der Oberschicht. Dann aber verliebt sie sich in
Felipe, der mit der Untergrundbewegung des Landes zusam-
menarbeitet. Während sie anfangs nur zögerlich Beihilfe lei-
stet, findet sie bald zu einer eigenständigen Rolle im Kampf
gegen Terror und Unterdrückung.

In der Farbe des Morgens
Gedichte · dtv 11565

Alle Prophetien erzählen,
daß der Mensch seinen eigenen Untergang erfinden wird.
Doch die Jahrhunderte und das sich stets erneuernde Leben
haben auch das Geschlecht der Liebenden und Träumer
gezeugt:
Männer und Frauen, die nicht von der Zerstörung der Welt
träumten,
sondern vom Aufbau einer Welt der Schmetterlinge und
Nachtigallen...

Gedichte – kämpferische, erotisch, poetische –
von Gioconda Belli, der großen Schriftstellerin Nicaraguas.

Tochter des Vulkans
Roman · dtv 11678

Der reiche Kaffeepflanzer Ramón nimmt das Zigeuner-
mädchen Sofia an Kindes Statt an. Sofia heiratet früh, aber
ihre Ehe mit dem machistischen René ist ein Desaster. Doch
sie weiß sich zu wehren. Ihr Wunschkind wird sie eines Tages
bekommen, aber bestimmt nicht von diesem Mann...

Gabriel García Márquez
im dtv

»Gabriel García Márquez zu lesen, bedeutet
Liebe auf den ersten Satz.«
Carlos Widmann in der ›Süddeutschen Zeitung‹

Laubsturm
Roman
dtv 1432

**Der Herbst des
Patriarchen**
Roman
dtv 1537

**Der Oberst hat niemand,
der ihm schreibt**
Roman
dtv 1601

Die böse Stunde
Roman
dtv 1717

**Augen eines blauen
Hundes**
Erzählungen
dtv 10154

**Hundert Jahre
Einsamkeit**
Roman · dtv 10249
Die Geschichte vom Auf-
stieg und Niedergang der
Familie Buendía und des
Dorfes Macondo.

Die Geiselnahme
dtv 10295

**Chronik eines
angekündigten Todes**
Roman · dtv 10564

**Das Leichenbegängnis
der Großen Mama**
Erzählungen
dtv 10880

**Die unglaubliche und
traurige Geschichte von
der einfältigen Eréndira
und ihrer herzlosen
Großmutter**
Erzählungen · dtv 10881

**Das Abenteuer des
Miguel Littín**
Illegal in Chile
dtv 12110

**Die Liebe in den Zeiten
der Cholera**
Roman
dtv 12240

Die Erzählungen
dtv 12166

**Von der Liebe und
anderen Dämonen**
Roman
dtv 12272

Gudrun Pausewang im dtv

»Gudrun Pausewang plädiert in ihren Werken für die
Verständigung zwischen den Völkern und Rassen,
für Toleranz, gegen Haß, Gewalt und Krieg.«
Günter Höhne in der ›Neuen Zeit‹

Kinderbesuch
Roman
dtv 10676
Ein deutsches Ehepaar be-
sucht seine in Südamerika
lebende Tochter. Verständ-
nislos sehen sie sich größ-
tem Reichtum und bitter-
ster Armut gegenüber.

Plaza Fortuna
Roman
dtv 11690
Menschen am Rande der
Gesellschaft in einer süd-
amerikanischen Groß-
stadt.

Bolivianische Hochzeit
Roman
dtv 11798

Guadalupe
Roman
dtv 11879
Überleben im südameri-
kanischen Urwald. Ein
Plädoyer gegen den Krieg.

Rotwengel-Saga
dtv 12140
Eine Familiengeschichte
in Ostböhmen.

Der Glückbringer
Roman · dtv 12299
Ein Roman über mensch-
liche Schwächen und so-
ziale Mißstände in Lateinamerika. »Ein Panoptikum
der kuriosesten Figuren,
ein wundervoll komisches
Chaos des Lebens voller
Trauer, Witz und Hoff-
nung.« (Volker Albers im
›Hamburger Abendblatt‹)

Rosinkawiese
Alternatives Leben in den
zwanziger Jahren
dtv 11489

Fern von der
Rosinkawiese
Die Geschichte einer
Flucht
dtv 11636

Geliebte Rosinkawiese
Die Geschichte einer
Freundschaft über die
Grenzen
dtv 11718
Fast zwanzig Jahre nach
der Flucht sieht Gudrun
Pausewang den Ort ihrer
Kindheit in Ostböhmen
wieder.

Rafik Schami im dtv

**Das letzte Wort der
Wanderratte**
Märchen, Fabeln und
phantastische Geschichten
dtv 10735

**Die Sehnsucht fährt
schwarz**
Geschichten aus der
Fremde · dtv 10842
Erzählungen vom ganz
realen Leben der Arbeits-
emigranten in Deutsch-
land.

**Der erste Ritt durchs
Nadelöhr**
Noch mehr Märchen,
Fabeln & phantastische
Geschichten · dtv 10896

Das Schaf im Wolfspelz
Märchen & Fabeln
dtv 11026

**Der Fliegenmelker und
andere Erzählungen**
dtv 11081
Geschichten aus dem Da-
maskus der fünfziger Jah-
re. Im Mittelpunkt steht
der unternehmungslustige
Bäckerjunge aus dem ar-
men Christenviertel, der
Rafik Schami einmal ge-
wesen ist.

Märchen aus Malula
dtv 11219
Rafik Schami versteht es,
in diesen Geschichten den
Zauber, aber auch den
Alltag und vor allem den
Witz und die Weisheit des
Orients einzufangen.

Erzähler der Nacht
dtv 11915
Salim, der beste Geschich-
tenerzähler von Damaskus,
ist verstummt. Sieben ein-
malige Geschenke können
ihn erlösen. Da schenken
ihm seine Freunde ihre
Lebensgeschichten...

Eine Hand voller Sterne
Roman · dtv 11973
Alltag in Damaskus. Über
mehrere Jahre hinweg
führt ein Bäckerjunge ein
Tagebuch...

Der ehrliche Lügner
Roman · dtv 12203
Der weißhaarige Ge-
schichtenerzähler Sadik
erinnert sich an seine Ju-
gend, als er mit seiner
Kunst im Circus India
auftrat. Und an die Seil-
tänzerin Mala, seine große
Liebe...

Michael Ondaatje im dtv

»Das kann Ondaatje wie nur wenige andere:
den Dingen ihre Melodie entlocken.«
*Michael Althen in der
›Süddeutschen Zeitung‹*

In der Haut eines Löwen
Roman · dtv 11742
Kanada in den zwanziger
und dreißiger Jahren. Ein
Land im Aufbruch, wo
mutige Männer und
Frauen gefragt sind, die zu-
packen können und ihre
Seele in die Haut eines
Löwen gehüllt haben.
»Ebenso spannend wie
kompliziert, wunderbar
leicht und höchst erotisch.«
(Wolfgang Höbel in der
›Süddeutschen Zeitung‹)

Es liegt in der Familie
dtv 11943
Die Roaring Twenties auf
Ceylon. Erinnerungen an
das exzentrische Leben,
dem sich die Mitglieder
der Großfamilie Ondaatje
hingaben, eine trinkfreu-
dige, lebenslustige Gesellschaft...

Der englische Patient
Roman · dtv 12131
1945, in den letzten Tagen
des Krieges. Vier Men-
schen finden in einer tos-
kanischen Villa Zuflucht.
Im Zentrum steht der ge-
heimnisvolle »englische
Patient«, ein Flieger, der
in Nordafrika abgeschos-
sen wurde... »Ein exoti-
scher, unerhört inspirier-
ter Roman der Leiden-
schaft. Ich kenne kein
Buch von ähnlicher
Eleganz.« (Richard Ford)

Buddy Boldens Blues
Roman · dtv 12333
Er war der beste, lauteste
und meistgeliebte Jazzmu-
siker seiner Zeit: der Kor-
nettist Buddy Bolden, der
Mann, von dem es heißt,
er habe den Jazz erfunden.

dtv